Katharine Hepburn

```
G  S  B  O  N  G  O  L  D  E  N  P  O  N  D  U
X  J  R  W  D  Q  C  C  F  P  P  Z  T  A  P  N
C  M  R  S  P  O  H  X  I  X  A  B  H  D  R  D
V  W  U  P  G  M  V  T  U  P  T  P  E  A  O  E
C  I  U  O  V  S  L  L  F  D  A  O  R  M  O  R
V  T  M  G  U  O  O  G  M  W  N  L  A  S  S  C
N  H  H  T  W  N  V  M  Z  U  D  J  I  R  T  U
O  O  V  X  S  G  E  R  A  Z  M  S  N  I  E  R
T  U  I  U  F  O  A  M  K  U  I  W  M  B  R  R
D  T  X  Z  N  F  F  W  U  A  K  X  A  N  C  E
E  L  P  R  U  L  F  O  I  L  E  J  K  X  O  N
S  O  X  O  B  O  A  Z  O  W  W  G  E  K  G  T
K  V  R  K  C  V  I  R  V  N  B  L  R  W  B  Y
S  E  B  J  D  E  R  R  C  X  H  V  C  Z  U  S
E  S  U  M  M  E  R  T  I  M  E  A  L  E  R  Y
T  G  R  A  C  E  Q  U  I  G  L  E  Y  W  N  G
```

LOVE AFFAIR
ON GOLDEN POND
DESK SET
SUMMERTIME
ADAM'S RIB
WITHOUT LOVE

GRACE QUIGLEY
ROOSTER COGBURN
THE RAINMAKER
PAT AND MIKE
UNDERCURRENT
SONG OF LOVE

Meryl Streep

```
O U T O F A F R I C A C C L T S
S M M Z Y Y A J U G K K I W G O
T C K A H O Y M C Z T K Q M W P
H X B J M C I F U N H X W K K H
E J W W B M E B Z G E P O I T I
H N Z Q J M A Z U N G A T L K E
O J P W F J F M U Y I X Z M P S
U D O U B T X G I O V R A Z X C
R D Y G G R J J Y A E U U D O H
S T S P J A Y Y W Q R M A N Y O
M V A T R L R E N D I T I O N I
I Q J U L I E A N D J U L I A C
D Z V N M N M U I C W Q D T K E
A C L E T T H E M A L L T A L K
J M A R V I N S R O O M D C O O
G F A N T A S T I C M R F O X U
```

DOUBT	FANTASTIC MR. FOX
JULIE AND JULIA	LET THEM ALL TALK
MAMMA MIA!	MARVIN'S ROOM
OUT OF AFRICA	PRIME
RENDITION	SOPHIE'S CHOICE
THE GIVER	THE HOURS

Answers on page 104

101 All Time Favorite HOLLYWOOD ★ ACTRESSES ★

101 All Time Favorite HOLLYWOOD ★ ACTRESSES ★

Ingrid Bergman

```
S Q A O S P E L L B O U N D P C
S I N T E R M E Z Z O P D U S C
R T S L S M V M U I Y E T R T A
G U I L C J O A N O F A R C R S
U O Z M F J D L K C P B P S O A
A E N J U M U N E V K Z O N M B
W G M L H L K N O K O G R X B L
O O A K Y R A R E T W Y H Y O A
M I S S C O A N I N O A Y H L N
A P L W L L N W T L I R D V I C
N W Z Y L I K E M I J G I U H A
S G U O L K G Q N S A R H O L D
F A D O T Q B H U I H J Q T U L
A A B I Z F U D T C G H U V N S
C H H O B D I K W W R H I Y S O
E E Q L R H J E Q A L Q T H H X
```

A WOMAN'S FACE   CASABLANCA
DOLLAR   GASLIGHT
INTERMEZZO   JOAN OF ARC
JUNE NIGHT   NOTORIOUS
ONLY ONE NIGHT   SPELLBOUND
STIMULANTIA   STROMBOLI

Marilyn Monroe

```
P T A T A X M P J M S Q H L U L
S S K H O M E T O W N S T O R Y
O S N E B F K R I F A P Y B E J
M Y E F Q Y E L O V E N E S T O
E F Y I R N U N Y V W G V J I B
L Y G R N I L G I X Y C I W J G
I L P E R A U L O V E H A P P Y
K W Q B X G A S B U S S T O P G
E Y P A Y A Q O K K N L W O T T
I F P L K R I O K I M M R A V C
T I F L Y A O S R O U R S Z N O
H I A L L A B O U T E V E U U C
O T H E M I S F I T S O P J K Q
T L M O N K E Y B U S I N E S S
L E T S M A K E L O V E K E C Y
L E T S M A K E I T L E G A L H
```

ALL ABOUT EVE	BUS STOP
HOME TOWN STORY	LET'S MAKE LOVE
LET'S MAKE IT LEGAL	LOVE HAPPY
LOVE NEST	MONKEY BUSINESS
NIAGARA	SOME LIKE IT HOT
THE FIREBALL	THE MISFITS

Answers on page 104

Kate Winslet

```
B A L L T H E K I N G S M E N I
D X B L A C K B I R D C Z R E P
T H E D R E S S M A K E R A T T
W E J N M B Z M C T E G P W Y S
B Y N A P G L I H A M L E T B E
L I S I W O N Q A S T L B O I V
A D A P G A W U K S C N J Y R E
C Q F V T M C A F Q F E D G V F
K F N I F D A O V S V V Q Q P T
B P T A H B Y F N E A W W P R J
E X P E X N N K T T W F U L S I
A G O F U W V S N D A U K A Z C
U Q A C R W D I V E R G E N T D
T V P W E O T H E H O L I D A Y
Y K V E N V K Z H R O J B O T X
D C E S N X B I R I S Y R C N M
```

ALL THE KING'S MEN

BLACK BEAUTY

BLACKBIRD

CONTAGION

DIVERGENT

ENIGMA

HAMLET

IRIS

STEVE JOBS

THE DRESSMAKER

THE HOLIDAY

TITANIC

Elizabeth Taylor

```
A C A D A T E W I T H J U D Y J
X L A S S I E C O M E H O M E E
S N I G H T W A T C H Z Y G O E
V L I T T L E W O M E N M H U M
E W T T Z M C R N O Z X N X B M
L A C X P B O H Z F Y A Q A U M
E C J X Y J N A U K V Z C N T R
P P L Q Q B S P U I Y G O W T Q
H K R E T P P S T Y S X P Q E M
A C P T O L I O B X A Q J S R L
N M J M C P R D G I A N T Y F T
T L E D L J A Y M J L W O H I I
W T Q W R F T T L I A E O Q E J
A F E U O Y O S R Q G S C X L J
L C U B J Z R X S A T C W Q D D
K X T H E F L I N T S T O N E S
```

A DATE WITH JUDY   BUTTERFIELD 8

CLEOPATRA   CONSPIRATOR

ELEPHANT WALK   GIANT

IVANHOE   LASSIE COME HOME

LITTLE WOMEN   NIGHT WATCH

RHAPSODY   THE FLINTSTONES

Answers on page 105

Cate Blanchett

```
N T O N N W J L U Y F F Y B Z U
M H L O X E E W L T L N A A C V
N O L F C B A O U N Y M G N S A
P R F I A E R T G X K U C D V X
A R I B T A A O H T I F P I A Z
D A B K C T E N E E A K G T F Z
I G D T B Z L L S C H V Z S Y M
A N H P Y Y V E I E R O F C Y W
S A Q Q B Y D I F Z I B B S V G
Z R N A T I B E P I A G W B W W
T O K K E N L X J V S B H U I I
S K X S U S F A J R F H E T Z T
T H E M I S S I N G Y B L T Y I
F B T H E A V I A T O R K M H D
O V S O N G T O S O N G E I I X
K O W W B L U E J A S M I N E G
```

BABEL	BANDITS
BLUE JASMINE	CAROL
ELIZABETH	LITTLE FISH
OCEAN'S EIGHT	SONG TO SONG
THE AVIATOR	THE HOBBIT
THE MISSING	THOR: RAGNAROK

Audrey Hepburn

```
P X T H S E C R E T P E O P L E
X O Y T T H E J K Q R E U M I W
W V S W E P K Y P F C S N Y W A
B W A R A N D P E A C E G F J I
U L H R L T S E F M V P R A Z T
J J O L O Y T Y R I N J E I R U
A O T O A A N P G Y P V E R Z N
K W N W D N N R Q J J R N L X T
U I L E U L O R A J I G M A W I
K A Q F W F I N C H A R A D E L
K M T Z N I I N E J F A N Y Q D
H Q O U O R L R E B Y E S P G A
S O E F B I S D U S C F I O D R
O H Y A L F K N O A L Y O J W K
T P S D I O Q N Q A Y B N A P B
V U J I S L O C C L T V S R Z Z
```

ALWAYS
WAIT UNTIL DARK
CHARADE
FUNNY FACE
SABRINA
SECRET PEOPLE

BLOODLINE
MY FAIR LADY
GREEN MANSIONS
WAR AND PEACE
THE UNFORGIVEN
ONE WILD OAT

Helen Mirren

```
T H E Q U E E N R I V D R V X C
H J X B I O C V D D G C N L C A
K P T C V W B O I J R H O L L L
H L X Z O S I G J W E I S R K E
G E H Z W K R V Q P E T U A W N
C O E O P Q D T C Y N C C I O D
Y D S T B E L N T E F H H S M A
H X K F R B P A K C I C T I A R
J Z W L O E S U M A N O H N N G
G Q K Q G R D A V L G C I G I I
V L W G T E D M N Q E K N H N R
I A U N H I R P C D R K G E G L
T Z Z T F B P M A M S H A L O S
C T D J X E C H M R R H N E L Y
U D S Y P V R Q B W K M A N D J
H A S N A F H Z B M R T K W X N
```

CAL

CALENDAR GIRLS

GOSFORD PARK

GREENFINGERS

HITCHCOCK

HOBBS AND SHAW

NO SUCH THING

RED

RAISING HELEN

THE DUKE

THE QUEEN

WOMAN IN GOLD

Bette Davis

```
R H B U U G N B T U W F A D V E
U Q S O C C P A E L E G Z M T H
O J N U R B M U K Q W N A L H D
G F I O B D Y S K Z R E L S E A
K O H M W J E Z E B E L L P W R
R G G U M V E R T K M A A E O K
J O D H M Y O R T T B C B C R V
R V V A O A T Y L O E H O I K I
D E F X N U N H A B W W U A I C
S R M Z N G S B E G W N T L N T
P F Z K H P E E O G E I E A G O
C R V S V U Q R W N E R V G M R
O I Z G Q K D V O I D N E E A Y
U S C E Q N Z G I U F A T N N R
W C Z Q E C X V P Z S E G T H N
O O M J L Z Y S L N M O O E P E
```

ALL ABOUT EVE	BORDERTOWN
DANGEROUS	DARK VICTORY
FOG OVER FRISCO	HOUSEWIFE
JEZEBEL	JIMMY THE GENT
NOW, VOYAGER	OF HUMAN BONDAGE
SPECIAL AGENT	THE WORKING MAN

Answers on page 106

Viola Davis

```
D M A D E A G O E S T O J A I L
B T B T H E H E L P Y J Q P P I
L S A Q Z B K K B H Q R F A D Q
A U H I X T M G M P I X I Y A Q
C I D J J W H T H V F B G A A T
K C P M A I U Q A B R E E U N N
H I Q X W D R D I U X A T H V A
A D P L W O F Q T Y W T O Z I J
T E O F K W H S V N V P N Z B C
W S L U S S I Z F L A R U F F P
E Q Q Z B D Q F E D P A P I K G
X U U M X T M V N M J Y P B N M
J A T P R F Q I C D B L M Z M Z
F D G W G P T P E Z F O W Z V P
D U T H Q A Q R S L K V O G C X
T R O O P Z E R O U G E K P N Q
```

BLACKHAT	DISTURBIA
DOUBT	EAT PRAY LOVE
FENCES	GET ON UP
MADEA GOES TO JAIL	SUICIDE SQUAD
SYRIANA	THE HELP
TROOP ZERO	WIDOWS

Answers on page 106

Nicole Kidman

```
B H T P I R S J L V T K H H G E
A T A T N W H N H V H S P R M K
T G H P R J K Q H N E T T R P T
M R C E P E Y G M F O O Z K M H
A A O P G Y S P J B T K P G O E
N C L F A O F P Q C H E I Q U P
F E D X U D L E A U E R L B L A
O O M A A R D D E S R Z O E I P
R F O L Q E E I F T S K N W N E
E M U Z U G K T N I Y L U I R R
V O N N A T B H U G N D E T O B
E N T X M B I E U V T C B C U O
R A A I A A C P F L Z O H H G Y
I C I N N V A R E A N T N E E J
D O N L H J H O O B O G N D O U
M R K G D I R M D T M A C D P B
```

AQUAMAN   BATMAN FOREVER
BEWITCHED   COLD MOUNTAIN
GRACE OF MONACO   HAPPY FEET
MOULIN ROUGE!   PADDINGTON
STOKER   THE GOLDFINCH
THE OTHERS   THE PAPERBOY
THE PROM   TRESPASS

 Answers on page 106

Sandra Bullock

```
X G P R A C T I C A L M A G I C
G R A V I T Y D A N N G T E F D
Y N L F Q L B D L N L Z S D L E
N W K B E Z E P O L A U Y A R M
M Q Y B L E J H I U O F S A P O
H P Z B P L U K R H Y O W N H L
V O P S J E O J E K P D L S U I
U O P N L T C K U O N F A Y Q T
G O B E E B A H R A S R I E Y I
D G G M F L X P E P C R W Z X O
J P I P E L E V B I R D B O X N
U T D H B H O U N H G O T S T M
A L T V T L G A F A A L X N X A
C K U Z N Z U D T R V S O Z S N
H U D I J W H P M S S Z G O L U R
R T H E V A N I S H I N G P M A
```

A TIME TO KILL   BIRD BOX
CRASH   DEMOLITION MAN
GRAVITY   HOPE FLOATS
IN LOVE AND WAR   PRACTICAL MAGIC
SPEED   THE LAKE HOUSE
THE PROPOSAL   THE VANISHING

Natalie Portman

```
K B L G A C L V O X L U X N N X
C Z S R H O T H O R P G R T M I
D A B L C S H A F O G M P G R B
X Q F U N J E N P O D V R E B N
B G S C S A O N L E E F S M P I
L A O Y O N T I A U X O U Q M V
A R N I U E H H N Q L R N V V N
C D G N V G E I E C Q V K Q I B
K E T T B O R L T T J E Q C R Y
S N O H R T W A A F A N T Z H V
W S S E O A O T R O C D J P N Z
A T O S T G M I I V K E E L D U
N A N K H U A O U E I T Z S P U
T T G Y E N N M J E T R K N
S E D V R Z R U E P V A P H U Q
N J A G S Y Y A H C B G V N N I
```

LUCY IN THE SKY   VOX LUX
ANNIHILATION   SONG TO SONG
PLANETARIUM   JACKIE
JANE GOT A GUN   THOR
BLACK SWAN   BROTHERS
THE OTHER WOMAN   V FOR VENDETTA
CLOSER   GARDEN STATE

Jodi Foster

```
F R E A K Y F R I D A Y S X A E
T Q Z W I F L G S I M S E M H W
H L V Y G K L M M P D S S A O S
E G U N N C T O H O U T O V T C
B C P A N I C R O O M H M E E Y
R Y O M W X A H H W Z E M R L E
A T P N D F R H M E U A E I A B
V P I X T E C V T L L C R C R U
E D P L H A K L B Y P C S K T K
O I U T E F C I R S C U B T E M
N Y O B R F N T H I D S Y L M J
E M D G O Z P A S U D E T M I X
T H Y U Y G L Q N M V D R K S C
Q R W M N I T A X I D R I V E R
B F L I G H T P L A N U A E A Z
M E S M E R I Z E D L U O Z N O
```

BEACH HOUSE	CONTACT
ELYSIUM	FLIGHTPLAN
FREAKY FRIDAY	HOTEL ARTEMIS
MAVERICK	MESMERIZED
MOTHERHOOD	PANIC ROOM
SOMMERSBY	TAXI DRIVER
THE ACCUSED	THE BRAVE ONE

Answers on page 107

Judi Dench

```
B X E N N L W L B C G K O I L F
C H V K T U L I P F E V E R T S
F X A Z J A N E E Y R E U I L D
G C N C S U G E N X I N R I D E
A B X A R A G E W A A I A A L J
O E O T N D W C N O P R Q A D R
K L T S K F E E J S E E Y F A W
C F E U W P M D E H U O D G F G
I A P M V O E H T R R P D E B E
M S R P L R T F T O I E B Q A W
H T J I A I F S N L J D X U X W
F Z H O L O I I S K Y F A L L U
F P I B E L S N D L Q Y A T T T
X U V Z L A K X U D W Q N J U C
A T X A C B R A Q A F P X L X N
A R T E M I S F O W L G X W Z G
```

BELFAST	OFF THE RAILS
BLITHE SPIRIT	CATS
ARTEMIS FOWL	ALL IS TRUE
RED JOAN	TULIP FEVER
PHILOMENA	SKYFALL
J.EDGAR	JANE EYRE
CASINO ROYALE	RAGE

Answers on page 107

Amy Adams

```
Z J U S T I C E L E A G U E A F
A T U G N S K V F D U S C D G R
I U N M A N O F S T E E L D A C
L E A P Y E A R H Y B S L I R J
L L D D B P A W E E R J Y T T H
B U O K H B M G C Z R U D D W N
V Y U Q O H I I Y A Y T H L L P
H D B Z O B I R P G A L U L X H
E J T X U C A R R I V A L Z D X
S K K H D R W D L U L L A B Y V
V O G J F F R D V V I C E M A T
X K O V N O N T H E R O A D X G
N O C T U R N A L A N I M A L S
Z T H E M U P P E T S A G V T S
U L H I L L B I L L Y E L E G Y
A M E R I C A N H U S T L E B J
```

HILLBILLY ELEGY   VICE

JUSTICE LEAGUE   ARRIVAL

NOCTURNAL ANIMALS   BIG EYES

LULLABY   AMERICAN HUSTLE

HER   MAN OF STEEL

THE MUPPETS   ON THE ROAD

LEAP YEAR   DOUBT

Julia Roberts

```
A R P X F G M N N G U I Z S M O
P U R P C Z N R W C V T L H O C
C N E B T L E U B A K F C J N E
W A T V M H O L K C B I P M A A
E W T R B M O S V A V X N O L N
A A Y L A Q D O E O D O N L I S
T Y W T H O D U K R I Q L R S E
P B O I U Q C C P T K I S P A L
R R M W H D O B C L H X A G S E
A I A I O R I A X G I A L J M V
Y D N E B N F K N O J C T B I E
L E S N S S D I R K D O I C L N
O D I A I F T E A R A X U T E M
V R P T L T N W R L F J S E Y K
E O A G O I E I L F I W A G J K
O S D N X C O E H O R Q B Z B E
```

CLOSER	DUPLICITY
EAT PRAY LOVE	ERIN BROCKOVICH
HOOK	MONA LISA SMILE
NOTTING HILL	OCEAN'S ELEVEN
PRETTY WOMAN	RUNAWAY BRIDE
SATISFACTION	WONDER

Answers on page 108

Diane Keaton

```
E W M X E E K Y G I E R C Z F S
T T A T T D L J U I P D T K Q V
H H N E Q C O A S V O H H R W I
E E H R M Y V D S A M P E Q N T
O F A M A V E Y S N S J G I U L
T A T I D R A L Y N M E O S K V
H M T N M Q N J F I Y S D F I O
E I A A O U D J Y E I K F U E F
R L N L N F D S X H Z K A X N A
S Y A I E E E U U A W I T O Z Q
I S U M Y R A V Y L Y G H M C O
S T F P M J T F G L B G E T H I
T O R A X I H E Q K U U R N U N
E N W C Q U T H E S L E E P E R
R E S T E R V E D R E S R S G B
T O S H O O T T H E M O O N C M
```

ANNIE HALL
MAD MONEY
POMS
SHOOT THE MOON
THE FAMILY STONE
THE OTHER SISTER

LOVE AND DEATH
MANHATTAN
REDS
TERMINAL IMPACT
THE GODFATHER
THE SLEEPER

Grace Kelly

```
H I G H N O O N A B Z L F M V X
W A C N R E A R R A N G E D T D
O P T P R F O Z P Q O G O F O I
W O T D Y B V Q A C F Z H O C A
X E U H M S Z O D V M M I U A L
S Q R A E J P K S N A V G R T M
I R G E V S G H Q X G O H T C F
G O T B A B W Y B N B X S E H O
M R X H I R Y A L G K O O E A R
X X E I E G W N N R W K C N T M
G H O E O C T I A O N Y I H H U
U A M J N J L O N U M Z E O I R
Z U G E V F O O W D T K T U E D
Q U N F O L I A C N O B Y R F E
L T X W Y T Y R K K E W L S D R
N Y X I A H F U E D X W D W R R
```

BIG TOWN

FOURTEEN HOURS

HIGH NOON

MOGAMBO

REARRANGED

THE SWAN

DIAL M FOR MURDER

GREEN FIRE

HIGH SOCIETY

REAR WINDOW

THE CLOCK

TO CATCH A THIEF

Answers on page 108

Shirley MacLaine

```
I D J B I C R G H Z A N K B H M
T J V A L E N T I N E S D A Y S
H N L T Q X W A I L F I S T E T
E Q F N V J F L G Z Y Q W O T E
E Q S N W A O V F Z D O H H H E
V J K C A R F F B N N S F Y E L
E S L H A L B O P U R N G T L M
N X A C B A E R R E M X W P A A
I G Y Z N B R B H C R J A R S G
N E Q S T F N N X W H T V I T N
G G U A R D I N G T E S S R W O
S Q U N Z Q E H P P A T C Y O L
T H E A P A R T M E N T Z D R I
A B B C I Q N J L C T E R R D A
R Q F X B E W I T C H E D B N S
I A R U M O R H A S I T V Q S D
```

BERNIE

BRUNO

GUARDING TESS

RUMOR HAS IT

THE APARTMENT

THE LAST WORD

BEWITCHED

CAROLINA

IN HER SHOES

STEEL MAGNOLIAS

THE EVENING STAR

VALENTINE'S DAY

Jennifer Lawrence

```
C H X C N D Q M J S G E M X O O
T C J R M Z O I J P Y J J N V Q
H R O L F U B N V X N F F B K T
E P P F R G V M T E L K R W Y H
D G H A U E F C M L R S F G R E
E A B J S S D X K H O J H H I P
V R N O V S Z S V Q Y O B Z K O
I D I Y G H E R P Z Y M K A Q K
L E U R P V E N A A O R N U H E
Y N K T A H B R G Q R E I Q P R
O P H O T Q C I C E R R F J Q H
U A G O Y E B Q H E R P O D K O
K R M H K A A G S U D S Q W I U
N T Q I U L T H E B E A V E R S
O Y L J W I N T E R S B O N E E
W T H E H U N G E R G A M E S L
```

DON'T LOOK UP	PASSENGERS
MOTHER!	RED SPARROW
JOY	SERENA
THE HUNGER GAMES	THE BEAVER
LIKE CRAZY	WINTER'S BONE
GARDEN PARTY	THE POKER HOUSE
THE DEVIL YOU KNOW	X-MEN

Answers on page 109

Charlize Theron

```
V T H E R O A D B G O Q D I F B
H A N C O C K C Q H X H L S N T
O S M Y O S Z F X L S S P S I H
C H P R O M E T H E U S T C P A
L U D A T O M I C B L O N D E T
D R T H E I T A L I A N J O B T
N D S K T U L L Y Q E Q D M L H
V B V O C P T A S Z Y C N U S I
L N T E K C R B W Z B M D P E N
O L Z R S Z A N C F E A R N A G
N I A G R P P P A I G E V Q K Y
G D A W S K P N H N T T Y P Q O
S V T O Q F E P U S O C S F O U
H O U A Z F D O N J Z K X I F D
O G H X Z J Y O S A B U M D Q O
T E Z S C E M G N R N H C E T T
```

ATOMIC BLONDE

DARK PLACES

HANCOCK

LONG SHOT

MONSTER

PROMETHEUS

THAT THING YOU DO

THE ITALIAN JOB

THE ROAD

TRAPPED

TULLY

YOUNG ADULT

Judy Garland

```
J M E E T M E I N S T L O U I S
D B A B E S I N A R M S J A Z K
A S T A R I S B O R N M D U I K
E V E R Y B O D Y S I N G R E N
Z H I T H E P I R A T E H I G Q
E O R O T H E C L O C K N Y F A
T H E W I Z A R D O F O Z L E V
A T B R Q H Y J R W K A A L L H
D O G J J A W Y Q Q R S M J D Z
H Y Z P Y P M K R C W L A W G O
S R Q O N Z I C L P F C B Q I N
L O V P P B Y R O V E V Q L R O
V D E P I Y I T F M Y P S C L D
E P O N Y G B K X R T P E W A U
J O T H O U S A N D S C H E E R
E T E A S T E R P A R A D E V C
```

A STAR IS BORN	BABES IN ARMS
EASTER PARADE	EVERYBODY SING
GIRL CRAZY	MEET ME IN ST. LOUIS
PEPE	THE CLOCK
THE PIRATE	THE WIZARD OF OZ
THOUSANDS CHEER	ZIEGFELD GIRL

Answers on page 109

Vivien Leigh

```
V W A T E R L O O B R I D G E T
F S Y F L N S R E T L R S D N H
I Y P Q B S U A D H Y L T G D E
R P S M F M F Y S E U M O Z S V
E D H V P A U A U D N X R H M I
O A I I Q L H N L E D A M K K L
V R P V E L F K L E F K I D B L
E K O L F W L A I P F Q N T X A
R J F I F O I T V B N J A L J G
E O F N Q R M O A L U R T S L E
N U O G X L F X N U E E E Q L S
G R O W P D M F E E Z U A N H Q
L N L J X T Y O M S Z F C G A U
A E S P D Y B R S E O X U A R I
N Y K B P X C D T A X M P A R R
D X A N N A K A R E N I N A T E
```

SHIP OF FOOLS	ED SULLIVAN
ANNA KARENINA	WATERLOO BRIDGE
THE VILLAGE SQUIRE	DARK JOURNEY
FIRE OVER ENGLAND	STORM IN A TEACUP
VIVLING	SMALL WORLD
THE DEEP BLUE SEA	A YANK AT OXFORD

Answers on page 110

Angelina Jolie

```
H G X P N H N F A M D Y C A H R
A I W F C A P I S O B G L T Q K
J R F A Y D J P Q Z N Q I J T Z
T L U D M H V S B I N M M N S O
H I Y S L I W Y L S S K E W D P
E N Q U O U G E Z S A C T E T T
T T G N C J G H R P I L T W I B
O E C F D N Y M T F O N T U L V
U R X O A X D L E Y A Y J I P T
R R S H M N B L E W H M H T L O
I U C Q A E A B Y T H E S E A D
S P G R D M A R S W Q L A T S S
T T M O B D G W S E H O W R Y C
B E O W U L F H A P S Q N H T J
A D R Z R R N N H Y M A N A G A
F K U N G F U P A N D A L N J N
```

A MIGHTY HEART	BY THE SEA
COME AWAY	KUNG FU PANDA
MR AND MRS SMITH	THE TOURIST
BEOWULF	CHANGELING
GIRL, INTERRUPTED	MALEFICENT
SALT	WANTED

Anne Hathaway

```
L L N Y E S S C D H R E L V T W
X U U P L Z E G R S E R H E R K
I Y A A L L R P H K B J Z S I H
N H T S A O E A I B K R Y Y O N
T B H S E C N L H S U S A Y C P
E T E E N K I U V Z F D X L E B
R H I N C E T J Y E E D A L A C
S E N G H D Y K T N E S L G N W
T H T E A D Y E O B S N N F S V
E U E R N O B F Z O W N M L E Q
L S R S T W T U L I E B F D I G
L T N I E N Z O N I T I W E G M
A L I U D O C Q B V B V N V H Z
R E T H E W I T C H E S P N T G
I G L E S M I S E R A B L E S P
Y E M E J E N G E T S M A R T V
```

THE WITCHES   LOCKED DOWN
THE HUSTLE   SERENITY
OCEAN'S EIGHT   COLOSSAL
THE INTERN   INTERSTELLAR
LES MISERABLES   ONE DAY
RIO   PASSENGERS
GET SMART   ELLA ENCHANTED

Barbara Stanwyck

```
D A N A T A S T E O F E V I L I
O K T K K L Z O H R H S L Y H Z
U L U H R R I F S E Z T E N T E
B R C C E D N O X V Y L A E S R
L O X E T L T S D Q L J R X E O
E U J Y D H E F Z A P I I V W E
I S L T X U X T V P F T E L R V
N T T S H E F G T F W Y M I J D
D A L V W E I O O E D Y S J E M
E B K G G B F L R A R E O G O C
M O V P E T L U L T D S J H P L
N U H H V A N E R I Y V V Q A V
I T T O B I H H L I A G Y S R N
T K N Q N T I L D S E C U O D E
Y B P V P G A C F L W S A N Y M
C R I M E O F P A S S I O N S C
```

A TASTE OF EVIL

ALL I DESIRE

BALL OF FIRE

CRIME OF PASSION

DOUBLE INDEMNITY

FORTY GUNS

JEOPARDY

ROUSTABOUT

THE BIG VALLEY

THE FURIES

THE LADY EVE

THE LETTERS

Answers on page 110

Joan Fontaine

```
I  S  L  A  N  D  I  N  T  H  E  S  U  N  H  T
Y  Z  H  B  U  I  M  S  R  K  U  O  M  G  P  H
S  K  Y  G  I  A  N  T  E  J  O  R  P  W  P  E
Z  C  A  U  G  D  A  P  B  R  S  J  I  F  F  B
C  U  R  C  M  T  N  W  E  T  E  Y  K  E  S  I
V  D  B  T  E  T  D  I  C  B  F  N  B  N  V  G
M  V  J  I  H  R  H  X  C  K  B  K  A  F  G  A
G  M  B  X  V  E  T  E  A  T  S  R  O  D  I  M
L  U  N  N  J  A  W  A  W  L  I  O  C  Y  E  I
V  H  N  C  G  W  N  O  I  I  A  V  J  W  Q  S
O  I  L  G  X  Z  G  H  M  N  T  O  Y  S  G  T
B  H  Q  O  A  B  P  A  O  E  S  C  B  F  K  Y
F  P  K  O  M  D  Y  H  O  E  N  M  H  O  R  R
R  T  J  V  Y  G  I  G  B  B  Q  H  I  E  X  J
J  H  E  Y  H  B  C  N  G  Z  S  A  Z  L  S  J
T  F  S  U  S  P  I  C  I  O  N  H  H  S  E  L
```

A CERTAIN SMILE   GUNGA DIN
ISLAND IN THE SUN   IVANHOE
IVY   REBECCA
SERENADE   SKY GIANT
SUSPICION   THE BIGAMIST
THE WITCHES   THE WOMEN

Faye Dunaway

```
P I B L I N D H O R I Z O N Q T
J L N G L O P O P K W S M B J H
B M K C H A B H C A D X U W A E
Z J Y U O O S I V R K L A Y R C
E P J Z Y N L T A V C S H J A A
S G C P T F C Y G R T L U H M S
S Z D U W H E E A O A E X O T E
V P N T T H E G I H O F H I S F
G R A C T O U C H V M D A L F O
A M B D R O F U H B A B B G O R
R F K L C A U F D A E B B Y X C
G C K V F H I V O H M W L D E H
M H L F F M Q N T I J B W E O R
D R U N K S X Q C B A P E O E I
N O C H A N G I N G H E A R T S
A L B I N O A L L I G A T O R T
```

THE BAIT   INCONCEIVABLE

THE CASE FOR CHRIST   FLICK

COUGAR CLUB   RAIN

CUT OFF   BLIND HORIZON

LAST GOODBYE   THE YARDS

CHANGING HEARTS   THE CHAMBER

DRUNKS   ALBINO ALLIGATOR

Susan Hayward

```
Z T H E S A X O N C H A R M P W
U U M G A R D E N O F E V I L O
T H E H O N E Y P O T M T D I M
L T H P C A D Q K L U F H M L A
T H E R E V E N G E R S E I L N
Q S I E Q T X X G F V A C W C O
O E T A P R O O T S C D O A R B
M T A O F Y W V N W V A N N Y S
C Q L T L H F G Q Y C J Q T T E
W H F B U E X H A S K D U T O S
N M A T B L N K F U I L E O M S
B G P R R U S H F B J V R L O E
T R X Q K A V A O H M N O I R D
O G F N U N O Q P U K G R V R X
G E R G P V T N E L R E L E O I
J U L X Y T C Y Q M K S D B W U
```

ADA	GARDEN OF EVIL
I WANT TO LIVE!	I'LL CRY TOMORROW
STOLEN HOURS	TAP ROOTS
THE CONQUEROR	THE HONEY POT
THE REVENGERS	THE SAXON CHARM
TULSA	WOMAN OBSESSED

Jane Wyman

```
U P O L L Y A N N A P Z I Z X P
T B C F L I G H T A N G E L S L
Z S O H N I G H T A N D D A Y E
K M N N F H A F S G G P U L J T
Y A H C V C H E Y E N N E R U S
C S Z H R O Q C Q V O U J X S D
L H U C M I Y M G J K T T O T O
S O B I G I M A S O K J N X F I
V F Z C P G T E G T L B U O O T
X L T R F V W T B E A H G O R A
Y C M B C C S S H Y B R U P Y G
Q T H E Y E A R L I N G L Z O A
Y M T H E B L U E V E I L I U I
Q H I X T T F Z Z L Y M G B F N
M Y F A V O R I T E S P Y H W T
J I S T A G E F R I G H T I T V
```

BON VOYAGE!   POLLYANNA
SO BIG   LET'S DO IT AGAIN
JUST FOR YOU   STARLIFT
THE BLUE VEIL   STAGE FRIGHT
CHEYENNE   NIGHT AND DAY
CRIME BY NIGHT   THE YEARLING
FLIGHT ANGELS   MY FAVORITE SPY

Sophia Loren

```
T L F T H E L I F E A H E A D L
H N H P O W S T O M U O A O A E
E U C Y M J T W R I R R R X S G
P V H H V C L O J E R B A W P E
R R Y I M Y P W W G Y U B H E N
I T V I D P N O C R M R E A C D
E O M A X Z P M R D B K S T I O
S W L U G E N E N Q W A Q A A F
T N H J R I W N Z O R K U W L T
S O D I H W E N A J I H E O D H
W F F X D L A H P P L C J M A E
I B T V T O K J R Z Z J C A Y L
F E H X C C G K O C Q G P N P O
E L J U D I T H M J G X O Q O S
T L O Q O B L O O D F E U D U T
C S W G S P O C E P S J P X U F
```

A SPECIAL DAY   ARABESQUE
BLOOD FEUD   FIREPOWER
JUDITH   LADY L
LEGEND OF THE LOST   THE LIFE AHEAD
THE PRIEST'S WIFE   TOWN OF BELLS
TWO WOMEN   WHAT A WOMAN!

Joan Crawford

```
V S A D I E M C K E E G Z I M K
W H A V H J W D E W N R D P Z R
N O N G V V U E K O T J M S R T
R D B L S Y B L S D X B C T T H
U P V W D N J H Q O R K A R R E
Z J N D E J C F Q E Y K D A R C
H J X E N R M A N N E Q U I N A
M F U C O Z B E R S E R K T F R
M Q H T E A Y Q I S T O S J V E
Y N D P V Y L U T R O G P A U T
T H I S M O D E R N A G E C N A
T T A F I T E E A T M A V K X K
E I D S F V F N A G O W T E P E
T V I T F E P B E G I R Y T S R
G F M I L D R E D P I E R C E S
Y Q Q L Z C L E O J Z K B X J R
```

BERSERK

MILDRED PIERCE

SADIE MCKEE

THE CARETAKERS

TORCH SONG

MANNEQUIN

QUEEN BEE

STRAIT-JACKET

THIS MODERN AGE

TROG

Kathy Bates

```
J  P  R  I  M  A  R  Y  C  O  L  O  R  S  L  E
G  E  N  Y  G  T  C  R  W  U  J  J  S  V  D  J
O  Y  D  M  P  I  T  E  O  D  R  I  C  I  V  W
L  O  I  F  E  A  I  Y  O  T  K  H  S  C  A  Z
S  L  A  D  G  A  E  V  B  A  I  D  E  P  L  Q
S  Z  B  J  V  V  D  H  O  O  N  T  E  E  X
P  I  O  V  O  L  B  T  O  I  V  H  A  U  N  R
V  V  L  L  S  N  E  K  L  M  E  E  X  N  T  A
Q  C  I  B  C  D  X  B  Z  X  E  W  W  Z  I  T
Y  S  Q  O  U  X  E  S  G  W  M  A  M  I  N  C
P  E  U  L  K  H  E  H  B  S  I  T  G  Z  E  X
O  I  E  X  T  S  K  S  X  H  S  E  B  B  S  X
S  R  I  N  U  C  W  V  P  P  E  R  F  G  D  H
P  M  B  G  N  I  C  I  X  C  R  B  U  Y  A  J
N  C  T  K  K  O  I  E  C  G  Y  O  C  O  Y  C
X  P  C  P  F  X  C  O  S  I  W  Y  C  G  I  Z
```

DIABOLIQUE
MISERY
PRELUDE TO A KISS
THE BLIND SIDE
TITANIC

HOME
P.S. I LOVE YOU
PRIMARY COLORS
THE WATERBOY
VALENTINE'S DAY

Julie Andrews

```
A R B A Y V S F H A E S T A R Y
V D M R E W I Y G Z M Q S X T K
I A V C O N G O L D E N P O N D
C R E L A T I V E V A L U E S A
T L E N C H A N T E D E U T T P
O I K M B D S X G A G M A N Q C
R N T A J U O T J K I G I M M C
V G O R F E B T H A T S L I F E
I L O Y P T J Q W W H F Z W E Q
C I T P M F B P A Z E P O H M E
T L H O G O U B Q K Q T N I D Y
O I F P Q R L T U R C A W P W Z
R X A P N O L F A Q V N F V R G
I U I I J N C R M C Q T N Y X Z
A U R N L E M S A W R A E W I R
W K Y S Q S S O N M M H K P J J
```

AQUAMAN

ON GOLDEN POND

THAT'S LIFE!

DARLING LILI

RELATIVE VALUES

TOOTH FAIRY

DUET FOR ONE

S.O.B.

VICTOR VICTORIA

MARY POPPINS

STAR!

ENCHANTED

Answers on page 112

Deborah Kerr

```
R E T H E C H A L K G A R D E N
T H E I N N O C E N T S H W F Y
J B Q K C E C H M X Z Y W C C A
T L Z D R V U A I A E X O L B T
H A H B Q Y I W I N G E B H T G
E C N Z N V T M R W Y U N U V A
K K K T H E H U C K S T E R S D
I N X U D G O X T D V W Z J U F
N A G S O J P Z D K W B K H M Q
G R X K E A Y O U N G B E S S M
A C I H P X I A V K L L G I P X
N I T H E A S S A M G A R D E N
D S D R J U L I U S C A E S A R
I S T E A A N D S Y M P A T H Y
S U C T H E S U N D O W N E R S
F S E P A R A T E T A B L E S X
```

BLACK NARCISSUS   JULIUS CAESAR
SEPARATE TABLES   TEA AND SYMPATHY
THE ASSAM GARDEN   THE CHALK GARDEN
THE HUCKSTERS   THE INNOCENTS
THE JOURNEY   THE KING AND I
THE SUNDOWNERS   YOUNG BESS

Answers on page 113

Sissy Spacek

```
I  L  B  Y  Q  K  O  U  C  F  Y  U  A  U  O  J
T  T  G  U  A  F  F  L  I  C  T  I  O  N  N  L
U  V  M  A  R  I  E  O  B  C  Z  B  L  G  T  A
C  I  I  N  T  H  E  B  E  D  R  O  O  M  H  K
K  O  K  E  N  H  O  T  R  O  D  R  F  L  E  E
E  L  N  U  W  F  N  V  S  R  S  H  E  A  H  C
V  E  W  V  J  G  G  I  A  F  V  Q  D  E  E  I
E  T  W  D  B  M  D  E  N  K  S  C  E  R  L  T
R  S  H  Y  N  M  N  E  X  E  C  Q  E  R  P  Y
L  A  U  K  C  N  V  W  A  R  L  A  A  Z  I  E
A  R  E  T  H  C  O  O  Y  D  A  I  R  G  F  K
S  E  V  N  B  L  W  N  V  F  F  M  V  R  M  W
T  B  V  C  T  W  O  U  K  Y  V  A  G  E  I  R
I  L  K  E  L  L  I  C  E  R  S  H  L  Y  S  E
N  U  G  X  H  M  I  F  G  G  N  G  V  L  W  O
G  E  W  O  N  V  F  F  X  V  U  I  Z  F  R  Z
```

AFFLICTION	CARRIE
DEADFALL	GET LOW
HOT ROD	IN THE BEDROOM
LAKE CITY	MARIE
NINE LIVES	THE HELP
TUCK EVERLASTING	VIOLETS ARE BLUE

Susan Sarandon

```
E  L  I  Z  A  B  E  T  H  T  O  W  N  Y  T  S
T  H  E  L  O  V  E  L  Y  B  O  N  E  S  S  N
D  L  B  O  C  G  E  Y  X  P  V  U  Y  S  A  D
E  E  U  P  V  P  K  Z  L  N  B  Y  E  M  V  K
A  A  L  S  T  E  P  M  O  M  Y  L  Y  M  O  U
D  V  L  V  I  K  R  O  D  L  R  R  N  O  X  K
M  E  D  G  F  Z  P  O  F  A  A  D  T  K  C  Q
A  S  U  X  S  R  X  N  E  U  C  W  R  O  E  A
N  O  R  C  K  K  O  F  N  K  Z  L  N  U  N  V
W  F  H  E  E  G  N  A  C  X  G  X  P  L  C  X
A  G  A  G  A  H  J  O  S  E  K  C  T  C  H  M
L  R  M  R  Q  E  C  I  N  I  P  W  Z  X  A  U
K  A  D  L  H  A  L  Z  Z  D  X  J  I  G  N  P
I  S  S  T  E  W  V  R  I  M  G  N  G  N  T  U
N  S  Y  P  N  N  E  F  G  H  N  Z  S  X  E  H
G  P  R  E  T  T  Y  B  A  B  Y  S  T  K  D  E
```

BULL DURHAM	DEAD MAN WALKING
DRAGONFLY	ELIZABETHTOWN
ENCHANTED	FEARLESS
LEAVES OF GRASS	PEACOCK
PRETTY BABY	STEPMOM
THE JANUARY MAN	THE LOVELY BONES

Answers on page 113

Glenn Close

```
C I U D M A R Y R E I L L E Y V
O F A T A L A T T R A C T I O N
O Q B T H E D I V O R C E W J P
K M B C V J F E X Y Z M E H M
I A R U Q T N S O T B B E J Q E
E R T A R Z A N L H W R H P X E
S S W T C X F S B E E M P E J T
F A D S O E I T Q B K W H Q Y I
O T W S C W E H A I X Z U S S N
R T T W H L R O X G K N T H J G
T A H M M I J O Q C E H F Y T V
U C J A B O B K G H G I K R O E
N K H U X I L R A I O S Y D D N
E S W N V A O X E L L W H C K U
N Z B O U L C H Q L B V X E G S
F N H I L L B I L L Y E L E G Y
```

COOKIE'S FORTUNE   FATAL ATTRACTION

HAMLET   HEIGHTS

HILLBILLY ELEGY   HOOK

MARS ATTACKS!   MARY REILLEY

MEETING VENUS   TARZAN

THE BIG CHILL   THE DIVORCE

Answers on page 113

Jane Fonda

```
M N L K D O U O J R K W S J F M
X N A K T N V H L V M I U D O A
U M T A A S K U W D L M K A Q C
Q W O H D D H T J L G G J A E I
U O T N E O I Q Z N O R Z K H N
Y X N H S C L R H W P X I D R A
J P E G E T H L K L U T E N L T
B I R B O B E A S A Q F U L G S
D O A O P L L R S H P U E O U O
H V O X L T D U I E O R R S T G
V X H K E L H E E N A U P V P C
K G H O C T O K N B L I S U K A
U Z L M U L N V R P I A K E W X
N U R O J Y U A E Z O R W U I J
P S Y L A U B B A R G N D K H I
V O C O M I N G H O M E D J S G
```

A DOLL'S HOUSE	BARBARELLA
BOOK CLUB	COMING HOME
KLUTE	MONSTER-IN-LAW
OLD GRINGO	ON GOLDEN POND
ROLLOVER	THE BLUE BIRD
THE CHASE	YOUTH

Answers on page 114

Luise Rainer

```
D T I S H Z H O S T A G E S O W
E T W G X J O N P C D V H V H F
R D R A M A T I C S C H O O L T
E C P M E M V W E U T D T Q U H
R J Y B T Z E D G R E H K O N E
S X Z L U H A Q A P G B G N K G
T X Q E I P E E B I G C I T Y R
E P Q R A V D T L X M Z D C Z E
K H M C Y O S E O I I A M D L A
U X S O O X L Y K Y L Z Z V R T
S E D G C D T S U V W W I W D W
S Y E W N A B G R R M I Z Q C A
Q H N A B O H Q H P F O F H R L
T E C M F I O I V U F W S E M T
C Y O V X Y Y V O L G J W K K Z
B C K J C T H E L O V E B O A T
```

BIG CITY	BY CANDLELIGHT
COMBAT!	DER ERSTE KUSS
DRAMATIC SCHOOL	ESCAPADE
GAMBLER	HOSTAGES
THE GOOD EARTH	THE GREAT WALTZ
THE LOVE BOAT	THE TOY WIFE

Answers on page 114

Reese Witherspoon

```
Z A W R I N K L E I N T I M E P
C Q L T W H K O N N S X G F V J
R A R E H W G D G J I S R V D W
U P M R G I A O D T N J D R R S
E B L E I A S L M X G T F O L Y
L B C E R D L M K E R O F X M A
I Y R A A I E L E T L V Q S N R
N V X N P S C V Y A H G N R M W
T C J B Q P A A I B N E W F N J
E T J B M J A N N L L S L F T G
N S R F I U C F T P S O W I S Q
T S L C R N I L O V S K N A N B
I F B F Q K R N E H I Y N D R E
O L X I X J P V I F Z L C O E X
N B C W I L D G G V M T L H T P
S G M L I F J C T I S N B E O O
```

A WRINKLE IN TIME   AMERICAN PSYCHO
CRUEL INTENTIONS   DEVIL'S KNOT
LEGALLY BLONDE   PLEASANTVILLE
SING   THIS MEANS WAR
WALK THE LINE   WILD

Doris Day

```
M O F V O R O X A A W M T K T J
Y N B T E A F O R T W O L E C D
D M S T A R L I F T P A P T A O
R O S B P D U A D R T S S C L N
E O T L K Y U Z U W R I E T A O
A N L N T A T T O E R C R Q M T
M L P G E K F L H A A A D J I D
I I F A M L L C P L E O H K T I
S G G G Z I A N T H Q Q W I Y S
Y H W Z P E I H T F Q T D E J T
O T M Q T L G A Z B R T M U A U
U B V D I I G X F M B Y B X N R
R A A R N N I B C C K B X M E B
S Y P D U R J W T C J Z S N I C
B A I O B C A Y U B N C H T H P
S M Y Y X Z I L H X Z H K N P F
```

APRIL IN PARIS	CALAMITY JANE
DO NOT DISTURB	LUCKY ME
MIDNIGHT LACE	MY DREAM IS YOURS
ON MOONLIGHT BAY	PILLOW TALK
STARLIFT	TEA FOR TWO
TEACHER'S PET	YOUNG AT HEART

Answers on page 114

Natalie Wood

```
S W C T X H B R A I N S T O R M
H P I R L T H E J A C K P O T T
K E D D E A R B R A T S N O G H
S N T M X T V Q I R O P F P M E
G E H F F J T H E S T A R Z R G
A L E W J P U P C E U S J I E R
J O B N P F H S K D L H S Z O E
N P L B K H A E T U U E L P O E
L E U O Z X P L O F D U C L P N
B W E E J R P T S E O U B V A P
D Y V A C L Y Q N I B R F K A R
N Z E F R I L O W A E B Y U N O
F B I V B H A U K G X R L O Z M
H Y L D Y X N M F U P D C G U I
W E S T S I D E S T O R Y V G S
O F A O U R V E R Y O W N M E E
```

BRAINSTORM   DEAR BRAT
HAPPY LAND   JUST FOR YOU
ONE DESIRE   OUR VERY OWN
PENELOPE   THE BLUE VEIL
THE GREEN PROMISE   THE JACKPOT
THE STAR   WEST SIDE STORY

Ava Gardner

```
H H G U S H O W B O A T Z T G L
U R P T T Z C W T J J T J H B A
H E M S H I N H G F U T U E M K
Z T E L N E S M N H Y Y M S D F
T H E B R I B E E W R X K E L Z
M A R S G R L L X D C P Q N C R
F O Q F X T T O U D E S X T I E
S Z G W C T R N N E H J H I T G
W Z O A I K Y T H E B J P N Y I
W O O L M U X H B H S I F A O N
C E E C N B Q E M Z B T R L N A
Z H B C E M O B D E U L A D F R
T T T H K M B E J G A M I R I O
L I M N L P A A C C R R S Z R M
T G A L V C A C T U C L T L E A
P I D R P G Z H H K H D A W F W
```

CITY ON FIRE
MOGAMBO
REGINA ROMA
THE BLUE BIRD
THE LITTLE HUT

LONE STAR
ON THE BEACH
SHOW BOAT
THE BRIBE
THE SENTINAL

Sally Field

```
F D M R S D O U B T F I R E Q A
K S K F A Z X B E G U K D Q T D
I A F O R R E S T G U M P S W D
S Y E D N B O Q I P B M A W O T
S I Y D O F W F Q D O I V R W U
M T E I R I H P P C L E D N E T
E I F O M M V M R O E J V S E P
G S O Y A J S K N P O Q D U K U
O N R D R L D G P V Y C N R S N
O T A T A V A P X T S L K R J C
D S N G E M S C I T O Y Y E A H
B O E U L L P C A C U F N N I L
Y J Y E Y C U Y N R O M R D S I
E C E I E A E I W J T A N E F N
E T L I T T L E E V I L A R L E
S V A G W U W A R S K V Z R X S
```

EYE FOR AN EYE   FORREST GUMP

KISS ME GOODBYE   LINCOLN

LITTLE EVIL   MRS. DOUBTFIRE

NORMA RAE   PUNCHLINE

SAY IT ISN'T SO   STEEL MAGNOLIAS

SURRENDER   TWO WEEKS

Answers on page 115

Emma Thompson

```
F H C E A C U R B Y T B W T S A
Z Y O S T A I X S R E Z N Y B K
T R X W A H I D T E A A K K T W
K L L N A V E A O J N V O E X N
Y T O O A R I L M L F M E I U U
V A C V V N D N O L I C I X T E
N E W A E E N S G V E T X U C T
M X A A R A A Y E M E G T Q B S
E A B H S R C C M N R P E L S G
W Q Y I B R I T T C D B U N E S
E U V B B Q I N U U P B A N D D
Z X R Q E H F C G A A H H N C C
R X K N U B M B C T L L E S K H
N S Z R V E A Y R J O L L E P S
B U F Y W A B B Z O H N Y Y M T
V N L Z C R T I Y W Y G M F D A
```

BRAVE	CARRINGTON
DOLITTLE	HOWARDS END
I AM LEGEND	LOVE ACTUALLY
MAYBE BABY	NANNY MCPHEE
SAVING MR. BANKS	THE LOVE PUNCH

Greta Garbo

```
T W O F A C E D W O M A N R D H
S H P J S M P L G Z Y Y S F A T
A Y U G A I A X D P E D Z H R X
S G S N K N I N X H I U X E V U
C H T Y I T N K S H J U Z G M T
A D K H B N X A C M L A D Q V M
R O J T E V O R C C A M I L L E
L O W N E K O T T H T N G E W H
E G H V Q D I G C S R E C U L M
T E O T L U Q S E H D I J S Z O
A L O I D T T U S J K D S L O G
N F W K P U Q R T R I A H T Z M
G U W I M N C M A T A H A R I X
E U H D O P M K T A A L E J W E
L Z V C Y G V K P Q U T K O J V
Q U E E N C H R I S T I N A K L
```

A MAN'S MAN   A SCARLET ANGEL

ANNA CHRISTIE   CAMILLE

CONQUEST   LOVE

MATA HARI   NINOTCHKA

QUEEN CHRISTINA   THE KISS

TWO-FACED WOMAN   WILD ORCHIDS

Holly Hunter

```
L T H E I N C R E D I B L E S N
S U M Y M X Y H A F C R A S H H
H L M S W I N G S H I F T B J E
T W B R O A D C A S T N E W S T
O J N Y G V V Z P Z H G Y P V H
E A V M H T H E F I R M L V S E
M R M A T H I R T E E N B I L B
T A N I M A L B E H A V I O R I
H L Z P R T J M F I T L P S K G
E L I V I N G O U T L O U D U S
P Q U P A S Z H R U R Y W L I I
I I E N D O F T H E L I N E L C
A E C G W O M A N W A N T E D K
N M I S S F I R E C R A C K E R
O X S A V I N G A R I Z O N A T
X M F P J E J N V X R X T A F H
```

ANIMAL BEHAVIOR   BROADCAST NEWS
CRASH   END OF THE LINE
LIVING OUT LOUD   MISS FIRECRACKER
SAVING ARIZONA   SWING SHIFT
THE BIG SICK   THE FIRM
THE INCREDIBLES   THE PIANO
THIRTEEN   WOMAN WANTED

                    Answers on page 116

Hilary Swank

```
L  J  P  S  I  L  O  V  E  Y  O  U  J  Y  L  Y
B  U  V  Y  F  N  D  I  F  A  Q  T  A  A  T  F
I  R  S  V  S  Y  H  K  H  F  M  Z  Q  S  H  R
R  C  B  D  I  X  K  T  F  A  L  E  P  M  E  E
D  R  L  R  J  R  W  R  H  E  I  H  L  U  B  E
S  B  Y  T  K  D  E  K  J  W  L  I  V  I  L  D
O  K  O  I  H  B  C  D  C  K  J  X  S  U  A  O
F  N  U  Y  N  E  W  Q  D  V  J  J  I  W  C  M
A  X  R  U  S  H  F  T  U  Q  N  K  N  K  W
M  Z  E  W  T  D  O  O  C  Z  S  C  I  F  D  R
E  Q  N  C  H  J  O  M  M  V  O  T  K  A  A  I
R  J  O  W  E  V  T  N  N  E  T  U  R  T  H  T
I  H  T  D  C  C  S  R  T  I  S  V  H  A  L  E
C  E  Y  A  O  T  P  L  V  C  A  M  S  L  I  R
A  G  O  M  R  R  W  F  S  G  R  C  A  E  A  S
A  L  U  C  E  M  P  Z  D  Y  N  Y  D  N  C  S
```

AMELIA	BIRDS OF AMERICA
BOYS DON'T CRY	FATALE
FREEDOM WRITERS	INSOMNIA
P.S. I LOVE YOU	RED DUST
THE BLACK DAHLIA	THE CORE
THE HOMESMAN	YOU'RE NOT YOU

Diane Lane

```
O U T H E G L A S S H O U S E H
J T N W F H A R D B A L L I E R
Q H C F H Y W Z D T F S B N I J
R E I R A V K Q L G Y F B S C U
H P D M S I R T N F N W D I N S
Q E A U E X T L H U Z W M D Z T
T R T S C M Z H G B C I A E X I
K F S T R Y L Z F C W L N O M C
G E E L E D E W Z U L D O U A E
Q C R O T O T T A Y L B F T D L
L T E V A G H Y K W H I S U B E
C S N E R S I F Q R O L T D S A
L T I D I K M Z N Q U L E H I G
M O T O A I G Z H Z I J E T A U
K R Y G T P O L J L F Z L L T E
B M M S T H E O U T S I D E R S
```

HARDBALL	INSIDE OUT
JUSTICE LEAGUE	LET HIM GO
MAN OF STEEL	MUST LOVE DOGS
MY DOG SKIP	SECRETARIAT
SERENITY	THE GLASS HOUSE
THE OUTSIDERS	THE PERFECT STORM
UNFAITHFUL	WILD BILL

Answers on page 116

Jessica Lange

```
R  Y  X  E  I  W  Y  N  U  U  Z  U  D  M  D  F
Y  L  W  C  S  C  I  B  E  E  N  F  U  C  B  B
C  H  A  N  O  Z  H  L  L  U  S  T  V  B  K  V
O  D  B  T  M  S  U  U  D  R  O  O  M  Z  V  V
U  M  W  T  I  B  M  E  D  O  O  A  B  V  K  Q
S  B  L  F  I  Y  M  S  T  X  A  B  F  X  O  J
I  N  G  M  F  T  L  K  H  X  V  T  R  Q  M  H
N  I  E  O  H  Y  U  Y  E  W  E  T  S  O  P  N
B  K  K  V  F  C  J  S  V  K  U  S  S  S  Y  T
E  M  I  G  E  O  A  Z  O  R  O  E  Z  N  C  O
T  B  S  N  U  R  T  P  W  O  C  V  H  B  G  O
T  E  L  W  G  B  W  V  E  N  W  N  S  Y  L  T
E  B  V  E  F  K  C  A  A  F  G  Z  P  P  Z  S
V  U  Y  K  U  A  O  R  S  F  E  X  P  F  U  I
J  B  S  X  I  A  F  N  F  G  O  A  Y  A  L  E
F  H  R  K  S  Y  H  D  G  O  E  Z  R  P  I  E
```

BIG FISH	BLUE SKY
CAPE FEAR	COUSIN BETTE
FRANCES	KING KONG
NEVERWAS	ROB ROY
THE VOW	TITUS
TOOTSIE	WILD OATS

Gloria Swanson

```
W C I T X M W H A T A W I D O W
A S T A T I O N C O N T E N T S
G Q D C N O W R M K Y Q T H H A
E U L P I E W N G I Y X V B E D
S E B T L X S G B L B D I H G I
O U P M E Y N W L L K N N E R E
F V N H Y E F E T E P G D R E T
V I C S J K M B R V U I D A H
I U O H E N D P L B X F S E T O
R I R P E T F N O E Q V C C M M
T D U E J W B I Z E R Z R I O P
U T U L Z T F L X S K Z E S M S
E Q P R A E L O V Q U J E I E O
Y S Z M W Y X Q J D R X T O N N
T H E T R E S P A S S E R N T K
N C D M A L E A N D F E M A L E
```

HER DECISION   INDISCREET
KILLER BEES   MALE AND FEMALE
QUEEN KELLY   SADIE THOMPSON
STATION CONTENT   SUNSET BLVD
THE GREAT MOMENT   THE TRESPASSER
WAGES OF VIRTUE   WHAT A WIDOW!

Answers on page 117

Lauren Bacall

```
X Q H G H E P R I P R V P N K J
S D L G N C E R P E I T Q O L P
S A G B W P U R B X D J G D V A
H Y E D R Z Y M B K Z P G G D S
O A Y A O P H E E U C P K X A T
C N H Z R G W T H E F A N C P A
K D N Q K B V S N L T K U T K R
T N L C O P C I R J Z J M M L F
R I F C T U N E L O H N Y N C O
E G E Q Z Q G Q Y L Y P G V S R
A H K R H R N R U D E Z T P U T
T T Q O O S E D I A M O N D S W
M B U F V S T Y V D T T U T B O
E R E T I Z M U L P R J H W F A
N H D M M A N D E R L A Y O A L
T C V I H T H E B I G S L E E P
```

A STAR FOR TWO   DAY AND NIGHT
DIAMONDS   DOGVILLE
HARPER   MANDERLAY
MISERY   SHOCK TREATMENT
THE BIG SLEEP   THE COBWEB
THE FAN   THE FORGER

Answers on page 117

Frances McDormand

```
B U R N A F T E R R E A D I N G
B N S A A Z H M Y W O E B B B M
B G S H I L Q T A O J I P E I H
X Z O E O S M M I D D C O I F Q
C J C J Q R I O D Y E U Q B S G
X K Q M C Z T N S N F L H T A H
E E V B U Q A C G T U Y I R F A
D F O G G L H I U A F I C N R I
Z R W U D Z Y V X T R A Q B E L
S R G A K Z E N D M S I M Z C C
W L M L A E O N F L U X Z O S A
H O T L Y V Y L Z R P G E O U E
N V K F A R G O P A P V D Z N S
H I S L E O F D O G S X P T S A
M R R P R O M I S E D L A N D R
W O N D E R B O Y S Z G T N H G
```

AEON FLUX

ALMOST FAMOUS

BURN AFTER READING

FARGO

HAIL, CAESAR!

ISLE OF DOGS

MADELINE

NOMADLAND

PROMISED LAND

RAISING ARIZONA

SHORTCUTS

WONDER BOYS

Answers on page 117

Norma Shearer

```
R M Z I D I O T S D E L I G H T
O A R J B B H G G E S C A P E S
M R O W S T D M R Y P S X N E V
E I T M E D H U J T C L P D L S
O E H Y Y W T E W J U P I F W B
A A E E L T E C W O P R D U K R
N N D W P U O R S O B D A T E A
D T I W T R W E E I L R V T S K
J O V K V H E Q M D M F A P E B
U I O Z L R E E G E A W M P H T
L N R S F Y D W T V E N O A U S
I E C A N E E I O U G L C Y N Q
E T E V H H W B L M I M M I Y Q
T T E T S S L B F C E I I H N V
I E U U K C M X G W N N I K R G
K T H E I R O W N D E S I R E G
```

A FREE SOUL   BLUE WATER

ESCAPE   IDIOT'S DELIGHT

MARIE ANTOINETTE   ROMEO AND JULIET

THE DEMI-BRIDE   THE DIVORCEE

THE WOLF MAN   THE WOMEN

THEIR OWN DESIRE   WE WERE DANCING

Bette Midler

```
Y T H E G L O R I A S J C S W P
O M B I G B U S I N E S S O K A
R T H E R O S E F W V A H I B X
U I J M E L L A E W A S S B K A
T T Z P Q N J J N U K X U O N R
H P Q C V P E R I A B N V O L N
L E Y I C L O V E N W G M D E A
E L A X S H X R L D X G I M W D
S K R V T R F M D K N E O Z K R
S J I E K D W S U I Z W D S R H
P K H L B A E D N P E L G A T V
E T O H D H F W Q H L A I X O U
O W Q Q C U O A T L L W Q J C N
P J F A N R Y L J N N C T Y V H
L H E T D H O C U S P O C U S J
E B F O R T H E B O Y S K I M S
```

BEACHES

BIG BUSINESS

DROWNING MONA

FOR THE BOYS

FREAK SHOW

HOCUS POCUS

JINXED!

RUTHLESS PEOPLE

THE GLORIAS

THE ROSE

THE THORN

THE WOMEN

Mary Tyler Moore

```
X L I P S T I C K J U N G L E O
D P C H A N G E O F H A B I T R
H D H L Y K L F Y K I G U D S D
J U L W U Z B V U F E O E I W I
B K C E C R L L E Z H O C C Q N
H E J F B A D N L X U D R K M A
O Y I H N E H G U H U A A V E R
M S C H E A T S L S D S O A O Y
W T J Q K V J M K T B G H N L P
X O A J M A T E Q I T O R D Z E
X T L E M B E R F T L L H Y J O
E U V O Y W E P I W K D E K J P
A L X L X C N J O U J Q Q E G L
D S B I L L A B O R P A I N S E
C A S G X F Z T T H S O H Q A G
U Q H E A R T S O U N D S W O R
```

CHANGE OF HABIT   CHEATS
DICK VAN DYKE   GOOD AS GOLD
HEARTSOUNDS   KEYS TO TULSA
LABOR PAINS   LIPSTICK JUNGLE
ORDINARY PEOPLE   SIX WEEKS

Halle Berry

```
U  J  T  J  S  E  C  B  P  Q  S  R  E  X  O  D
V  J  C  X  D  W  S  E  Z  P  B  R  I  F  S  I
Z  S  M  A  J  A  O  J  V  K  G  E  C  A  Z  E
N  Q  X  H  T  B  R  R  B  L  H  Q  Y  J  Z  A
C  M  G  I  J  W  T  K  D  R  Z  L  P  J  S  N
Q  B  D  N  G  J  O  K  T  F  U  O  U  K  V  O
B  R  O  B  O  T  S  M  A  I  I  I  O  D  W  T
U  A  X  Z  H  C  C  G  A  F  D  S  S  T  I  H
L  F  H  M  M  L  C  O  G  N  R  E  H  E  L  E
W  E  Z  P  E  F  V  T  F  V  Y  W  D  L  R
O  D  E  X  N  N  D  H  X  D  Q  S  A  Y  B  D
R  P  I  J  L  U  V  I  G  D  N  C  X  K  J  A
T  D  P  I  S  B  K  K  V  U  E  F  A  X  M  Y
H  Z  M  K  Q  C  I  A  L  H  G  E  C  C  S  R
I  U  S  B  M  O  N  S  T  E  R  S  B  A  L  L
Y  R  P  Z  R  A  C  E  T  H  E  S  U  N  Z  H
```

BRUISED

BULWORTH

CATWOMAN

DARK TIDE

DIE ANOTHER DAY

GOTHIKA

MONSTER'S BALL

RACE THE SUN

ROBOTS

SWORDFISH

THE CALL

X-MEN

Answers on page 118

Sharon Stone

```
C O L D C R E E K M A N O R Y A
P B F D A G O P H Y M Y V Z J G
S T E L O V E I N V E G A S W L
L Q H A X B O R D E R R U N N B
I F W V U B O B B Y W S Q D D A
V E I D I T V Y J G O C H F X S
E L N Q C O I V A L L X X T Y I
R R Y B N A C F C V O O V Z G C
W J D I T P T B U U M B R A F I
G O S X U I L W E L S S D I B N
F A F B E Y Y P O A J Z K D A S
C L O D P E A S H M U O K V D T
U T O G J M E K Z F A T E Z H I
X L O V E L A C E M N N Y P M N
V A H T H E M U S E K N E D W C
F Q T H E L A U N D R O M A T T
```

BASIC INSTINCT
CASINO
LOVE IN VEGAS
THE MUSE
BORDER RUN
GLORIA
THE LAUNDROMAT

BOBBY
COLD CREEK MANOR
SLIVER
BEAUTIFUL JOE
CATWOMAN
LOVELACE
BEAUTY

Kim Basinger

```
L R O R V Z I N E F Q B K W Y L
A Q T H E I N F O R M E R S R A
Q Z G O B I F A J L Y J P A A C
D Q D C X N A T A E F Q E W S O
T Y Y L E M H R U E F W L Y G N
T H T S Y L U H T Q O G C F R F
O U I F T T L A B T V R A N U I
O L M R A Y D U Y R E H A F D D
Y Z S N D D Q D L M M M I X G E
Z J E U N P A T O A T M Z J E N
A H O I P E E N K A R S F P M T
T B L H R W G R B S I I N F A I
A B B A W U O U S V R H I L T A
X O X J J I O M K O Y J W W C L
T N A D I N E C K P N U L H H U
F A I W A Y N E S W O R L D C D
```

BATMAN	BLIND DATE
CELLULAR	GRUDGE MATCH
LA CONFIDENTIAL	NADINE
NO MERCY	READY TO WEAR
THE INFORMERS	THE NATURAL
THIRD PERSON	WAYNE'S WORLD 2

Answers on page 119

Donna Reed

```
D R H T D A B J M O S N T X Z A
S T H Z H Y V O Z Y M P Z T V F
X H A B E E S L Z I Q B U S Z H
M E N Z S N W Q W Q E G O C M Y
T B G T A C G H M V P E P E R U
L I M R H E A F O A H N R U H U
E G A Z O E K N G L D Q F M T G
J M N K T I Y A D L E N G D I Y
X O S N U B R R I A U T V O D Z
K M K Y G B A D O G L V R Y C Y
U E N D F P A C O D X S X U Q S
V N O G R Z R Y K I E D H P T L
G T T V T G P D I L D W M E A H
Z B N C W B E Y B S A Y E M E Q
B E Y O N D M O M B A S A S R T
O I J G J I S O K I L G H U T P
```

BACKLASH   BEYOND MOMBASA
GUN FURY   HANGMAN'S KNOT
PEPE   RANSOM!
SCANDAL SHEET   THE BIG MOMENT
THE WHOLE TRUTH   THEY RODE WEST

Answers on page 119

Demi Moore

```
I N D E C E N T P R O P O S A L
A L O V E S O N I A Y E A B M A
N V E R Y G O O D G I R L S L P
O E B D C L W V M A Z S P O L S
T H S I Z B U N R A K U K U C Q
H L X J X I N O W A N D T H E N
E R E Y C I R I U V D S G O L D
R S H D L D R W K N V B V L E P
H T O P F J F V I U Z P A N D B
A B H N E R W L S B T C A P E G
P H H E G Y B Q L E N J K T U O
P B W Q J B W B Y I I A S G P Z
Y B W R L U I J G G K O S Q X G
D M H P Y N R R X Y H W G G X O
A V D X C C A O D G R I D B B B
Y B A N V M B H R A X G S G N E
```

ANOTHER HAPPY DAY   BLIND
BUNRAKU   GI JANE
GHOST   INDECENT PROPOSAL
LOVE SONIA   MARGIN CALL
NOW AND THEN   SONGBIRD
THE JUROR   VERY GOOD GIRLS

                    Answers on page 119

Michelle Pfeiffer

```
Q Z L M O N E F I N E D A Y E W
D L W I D K N T C H H A J E O K
A I C M T R D D O L R O K S O W
N A M P F A M Q I Y Q W N L S H
G O H W J G V T K E A R Y E D M
E S G E O Y K S C H U A Q S Q N
R X Y B R L I W Y T D O C B R R
O L L S K E F D E E U K Q Q Q D
U M U C R T A R N I P T E M O A
S I N E O L N I Q E B B A L V K
M P H G W A F H A I R S P R A Y
I W L J M E A B T P M E B N M D
N E I T N N A M B A O Z A D D U
D H A O R H N F I O F S O U R R
S B S T A R D U S T P E S N F Z
F P E O P L E L I K E U S G M E
```

BATMAN RETURNS   DANGEROUS MINDS

HAIRSPRAY   I AM SAM

LADYHAWKE   ONE FINE DAY

PEOPLE LIKE US   STARDUST

WHERE IS KYRA?   WOLF

Liza Minneli

```
I  J  S  T  E  P  P  I  N  G  O  U  T  V  O  J
A  F  T  F  T  L  T  H  A  T  S  L  I  F  E  A
M  A  R  E  N  T  A  C  O  P  O  R  V  Y  H  C
A  H  E  S  Z  A  M  R  O  M  Z  C  D  U  O  K
T  W  V  M  I  E  N  L  T  U  F  A  O  I  Q  I
T  L  U  Y  Z  L  B  I  N  H  L  S  H  X  S  E
E  C  A  B  A  R  E  T  Q  Y  U  O  F  D  G  S
R  O  C  N  V  B  X  N  K  B  N  R  D  Q  Y  B
O  K  H  H  F  S  U  C  T  I  X  O  K  W  S  A
F  W  U  K  K  D  U  K  H  M  F  R  W  U  Y  C
T  U  Q  C  W  L  O  O  G  J  O  B  M  U  W  K
I  P  C  U  A  M  E  O  P  V  X  V  M  I  L  L
M  X  O  F  J  H  B  J  A  M  W  W  I  A  L  F
E  H  D  F  T  G  T  R  E  X  C  T  A  E  N  F
Y  J  M  R  B  R  O  A  D  W  A  Y  Z  J  R  H
C  H  A  R  L  I  E  B  U  B  B  L  E  S  D  E
```

A MATTER OF TIME   ARTHUR
CABARET   CHARLIE BUBBLES
SILENT MOVIE   THE OH IN OHIO
LUCKY LADY   RENT-A-COP
STEPPING OUT   JACKIE'S BACK
MR. BROADWAY   THAT'S LIFE

Geena Davis

```
D N R S P E E C H L E S S P G A
S T U A R T L I T T L E D E V T
G M R N V M B K L W E F J A G H
F A R P N A B Q N K F D O S T E
V R I N A W O R L D Q Z F V A L
H J B Z F Z Z C I O T Z V E N M
B O Z E L W P G I J H D F J G A
P R H T E R N M B U E P P P I A
U I Y V T T C I I B F H J P E N
E E G V C O L B B T L K D G I D
F P W M H T Q E M W Y R B G X L
A R B O Y J R Y J L N W A Y Z O
S I D T T E U Z U U C H E R O U
A M P B P T C N S T I J G C W I
D E C B Y J J O Z D M C S D K S
F W Y M E H I M H E R M E B C E
```

ANGIE	AVA
BEETLEJUICE	FLETCH
HERO	IN A WORLD
MARJORIE PRIME	ME HIM HER
SPEECHLESS	STUART LITTLE
THE FLY	THELMA AND LOUISE

Drew Barrymore

```
S S H R Y A A F Z C O N X B M Q
E Z Y C V L P P R M B E E N I W
C A T S L R J O Z K L V X N S D
O H M F C W O Q B P B E B D S O
Z L A T U R J K U T E R S S Y N
Z E J R B I E D Y V W B V Q O N
Y I O B L L N A D B H E A R U I
N E W W Y I E K M Y M E S L A E
T V U T X O E N Y N L N A U L D
A E M P H G Y S D L B K V C R A
H R P U F Y B X A E N I N K E R
A A G Q W E W D C N D S A Y A K
H F V W H I P I T H G S S Y D O
M T O Q M S L J X P R E X O Y Y
Q E G V V Z U Q W D O D L U R D
D R Q Y G B G W I D S X E S B M
```

BLENDED   CHARLIE'S ANGELS

DONNIE DARKO   DUPLEX

EVER AFTER   LUCKY YOU

MISS YOU ALREADY   NEVER BEEN KISSED

SCREAM   WHIP IT

Winona Ryder

```
I  S  H  I  H  Q  L  E  A  J  R  V  E  K  X  O
A  T  E  U  X  O  T  X  J  U  A  L  R  S  J  U
S  R  E  P  F  V  M  H  S  T  Y  E  V  G  A  Y
C  A  J  L  H  M  L  E  E  T  X  I  W  Q  I  F
A  N  T  L  T  E  B  O  F  L  A  X  T  G  X  Z
N  G  H  I  H  I  J  L  S  R  E  R  W  F  P  N
N  E  E  T  E  T  J  H  A  T  O  T  T  E  L  T
E  R  I  T  T  H  B  M  E  C  S  N  T  R  M  O
R  T  N  L  E  E  D  O  S  A  K  O  T  E  E  T
D  H  F  E  N  D  R  N  N  P  T  S  U  J  R  K
A  I  O  W  T  I  L  M  N  H  M  H  W  L  I  N
R  N  R  O  P  L  L  M  X  G  I  H  E  A  S  V
K  G  M  M  A  E  K  X  R  F  X  X  M  R  N  V
L  S  E  E  M  M  M  C  F  B  K  T  Z  Q  S  N
Y  N  R  N  A  M  U  V  Y  K  B  V  D  J  R  I
S  X  S  B  V  A  W  C  C  W  G  G  W  H  E  G
```

A SCANNER DARKLY	BLACK SWAN
HEATHERS	HOMEFRONT
LITTLE WOMEN	LOST SOULS
STAR TREK	STRANGER THINGS
THE DILEMMA	THE INFORMERS
THE LETTER	THE TEN

Answers on page 121

Kathleen Turner

```
P T H E R E A L B L O N D E L U
C A F H J Q U K R X Q W B P B N
R J N C E R Z H E A K T A U E D
I Y X X E S B G U J R Q B F A E
M B O Q S R U T M A L V Y R U R
E O Q O G K F O P Y Z D G C T C
S C G T W Y M A A Y B D E S I O
O W Z H C L D S B M O Z N B F V
F M P V A E D A P W D X I E U E
P V H I E N B M M O Y Z U H L R
A A R R E D M F Y D H S S I X B
S E B I A N G M O F E V E F V L
S A R B X Z W I X H A C S B O U
I F C T U G W L V N T Q P X G E
O V H O U S E O F C A R D S U S
N K J U L I A A N D J U L I A X
```

BODY HEAT

CRIMES OF PASSION

HOUSE OF CARDS

SERIAL MOM

THE REAL BLONDE

BEAUTIFUL

A BREED APART

JULIA AND JULIA

UNDERCOVER BLUES

BAD BABY

BABY GENIUSES

FRIENDS

Answers on page 121

Uma Thurman

```
Z C H E L S E A W A L L S A U H
K K I L L B I L L V O L O N E P
T W M A P U L P F I C T I O N L
H K I L L B I L L V O L T W O A
E B A T M A N A N D R O B I N Y
C C G W Q A J P I T Z A T B H I
O C T A R V Y P U A V N G U A N
N B E V T Q L Y O P E Z C N V G
I S U R V T X Q D E Y S X J W F
S L D R E S A K B P I R F C T O
O J A H N M Q C Z V B C M V F R
N Y N Z S T O C A V X K D P U K
L D M E Z Z P N K B E L A M I E
D A T G I N C H Y A K B M Y Y E
F P R I M E B Z X E K C V J C P
O B E A U T I F U L G I R L S S
```

BATMAN AND ROBIN   BEAUTIFUL GIRLS
BEL AMI   BURNT
CEREMONY   CHELSEA WALLS
GATTACA   KILL BILL VOL ONE
KILL BILL VOL TWO   PLAYING FOR KEEPS
PRIME   PULP FICTION
TAPE   THE CON IS ON

Rene Russo

```
U W F R A N K A N D C I N D Y D
A T L J T A N Q Q L J R G W D F
P H M V J J T C S Y P F A D H V
D E L J S V G N N P X S W T S R
V I Z I U H M O M O Z T Y R E X
B N Z S K I O F U Z X T U L H F
I T O T P G N W U T R C W Y G N
G E L Q H P U B T O B A E M O I
T R B F O O T K H I R R O H C Z
R N B C E N E R S Q C M S E E Z X
O P O H V W T I T F N E F A O C
U O N L O E H H J A N B V L K Q
B Q E L G V G D R R D S U C O Q
L V G W Q I O B Z Y M H U D O R
E H P A N X E R I U A R T G D D
R A T W O F O R T H E M O N E Y
```

BIG TROUBLE   BUDDY

FRANK AND CINDY   GET SHORTY

NIGHTCRAWLER   OUTBREAK

RANSOM   SHOWTIME

THE INTERN   THOR

TWO FOR THE MONEY   VELVET BUZZSAW

Answers on page 121

Annette Bening

```
R Z P G E O R G E T O W N S T I
U Y L N B E Y R R M X N K X E U
L T G N H C M E Z A Y R H V T A
E H D E G R S U P P A Q O F H M
S E R I H Q L A M P J L L A E E
D G Q Q T Q G C S I F E X T R R
O R I U X E Q Y B O S I S J E I
N I Z X P D B N E T B H T S P C
T F B O W U E C I U M E C Z O A
A T H R R M A E I D Q C T B R N
P E C Z O F F T Z Q X Z C L T B
P R T W E I J Z N W T C L P H E
L S E H L S M P T G P K W I C A
Y H T Y V N T J Y S A G N H H U
T H E S E A G U L L N A J M U T
W D A N N Y C O L L I N S A L Y
```

AMERICAN BEAUTY

GEORGETOWN

LIFE ITSELF

RULES DON'T APPLY

THE GRIFTERS

THE SEAGULL

DANNY COLLINS

HOPE GAP

RUBY SPARKS

THE FACE OF LOVE

THE REPORT

THE WOMEN

Sigourney Weaver

```
H T Q R I X K X F P H B A X F B
F F P A U C H A P P Y B B T Q M
G F P A P I U E X D U E D H J Y
V F G V U V A M G G C K U E V S
A I H A N R C V Q A F I C A M A
N B O T V F B W C K R N T S L L
T A S A K M N G X Y E D I S D I
A B T R A M P A R T D R O I N N
G Y B R F C K E S P L E N G U G
E M U Y F Y S E N F I W E N U E
P A S F R A L I E N G I F M T R
O M T S Q V S G J I H N T E X Y
I A E Y J P T B H P T D B N M E
N R R U M F L G T O S N J T U A
T Z S A O N L H H O L M H Z N R
R M V E G A L A X Y Q U E S T A
```

ABDUCTION	ALIEN
AVATAR	BABY MAMA
BE KIND REWIND	CHAPPY
GALAXY QUEST	GHOSTBUSTERS
MY SALINGER YEAR	RAMPART
RED LIGHTS	THE ASSIGNMENT
VAMPS	VANTAGE POINT

 Answers on page 122

Barbra Streisand

```
U N T H E W A Y W E W E R E Y T
Z F A J F B X E E Y I I D V R H
E G U A L L N I G H T L O N G E
Q S N N F U N N Y L A D Y K A M
H O L A N F D L S T Q X G U U A
N E E D I Y T K T O A B H U W I
X I L X J N G C H I S X S X H N
W G R L E R W I O P T T A B A E
F J O Y O M J U R Z A K M A T V
U H G H M D N F U L R X W O S E
J V Y V Z C O U O U I I R T U N
U E E M W Y I L T M S M Z F P T
H J B J D D T S L S B X T Q D R
D S V R A S Y W L Y O A T T O M
U T H E G U I L T T R I P R C M
B I V U P T H E S A N D B O X Q
```

A STAR IS BORN   ALL NIGHT LONG
FUNNY GIRL   FUNNY LADY
HELLO, DOLLY!   NUTS
THE GUILT TRIP   THE MAIN EVENT
THE WAY WE WERE   UP THE SANDBOX
WHAT'S UP, DOC?   YENTL

Answers on page 122

Raquel Welch

```
C  J  S  T  O  R  T  I  L  L  A  S  O  U  P  M
Y  V  B  L  U  E  B  E  A  R  D  D  B  H  W  E
C  Z  B  H  E  F  V  K  Q  Q  C  T  Q  P  Q  W
R  V  D  Z  O  W  L  P  N  O  W  U  L  G  Q  X
O  F  O  R  G  E  T  A  B  O  U  T  I  T  P  I
S  X  D  J  B  W  A  D  R  Y  U  Y  A  S  X  Y
S  J  A  I  I  T  F  Q  J  E  M  C  M  U  U  W
E  M  D  O  J  S  A  A  B  S  U  L  P  R  R  B
D  Z  O  Q  A  Q  R  U  T  Z  S  P  L  P  A  Q
S  R  C  Q  C  O  N  Z  V  H  E  O  X  Q  U  T
W  W  M  F  H  U  X  L  R  V  O  M  E  G  B  X
O  X  A  H  K  X  Z  K  M  X  S  M  B  Q  C  J
R  Y  V  B  E  T  H  E  B  E  L  O  V  E  D  I
D  K  T  H  E  W  I  L  D  P  A  R  T  Y  N  T
S  H  C  C  S  E  P  C  B  S  A  N  I  M  A  L
L  E  G  A  L  L  Y  B  L  O  N  D  E  O  U  H
```

ANIMAL	BLUEBEARD
CROSSED SWORDS	FATHOM
FLAREUP	FORGET ABOUT IT
LEGALLY BLONDE	THE BELOVED
THE WILD PARTY	TORTILLA SOUP

Joanne Woodward

```
K S P H I L A D E L P H I A E D
N Y S C P T E O V B K S I Y R F
B P F N R H M G I W U P R H A R
H A R R Y A N D S O N E S S C O
C V W X O Z B Q K B P S E R H M
X W L G O R Q C Z P E U Q H E T
W T H C F D D F I N L U E E L H
O H W A S M V R D B Q H A W R E
Q E L C B Z T A S G Q F G V A T
B E J M L S M I N I H I Z N C E
S N N E E E R I T G K N C F H R
I D X H N A N W C C G N A B E R
B F T I P N G P V A K Q X A L A
R G F B I V Q T O E G D M R V C
K A E W T Z U L B H I Q P U K E
K L A N E W K I N D O F L O V E
```

A FINE MADNESS   A NEW KIND OF LOVE
FROM THE TERRACE   HARRY AND SON
PARIS BLUES   PHILADELPHIA
RACHEL, RACHEL   THE END
THE STRIPPER   WINNING

Angelica Huston

```
A  J  S  E  R  A  P  H  I  M  F  A  L  L  S  U
S  K  H  M  A  T  E  R  I  A  L  G  I  R  L  S
W  C  M  A  R  T  I  A  N  C  H  I  L  D  Z  O
E  T  H  E  G  R  I  F  T  E  R  S  S  M  Y  S
P  X  T  H  E  C  L  E  A  N  S  E  L  C  O  O
Q  T  Q  I  H  Y  T  H  E  B  I  G  Y  E  A  R
H  H  Q  I  S  T  L  F  U  T  I  K  W  T  S  B
C  E  G  D  R  L  L  R  J  L  A  Y  X  P  N  L
H  W  T  E  W  H  E  N  I  N  R  O  M  E  H  O
O  I  P  S  U  T  U  O  L  V  N  C  J  U  O  O
K  T  L  F  J  I  N  W  F  S  Y  I  J  S  G  D
E  C  A  I  Q  W  Q  G  G  D  T  J  M  V  K  W
X  H  G  G  B  Z  V  A  A  X  O  D  W  P  I  O
X  E  A  D  L  O  O  U  Q  Q  S  G  I  M  M  R
N  S  Z  Z  M  M  L  C  P  N  R  N  S  F  S  K
L  E  N  Z  A  B  E  V  E  R  A  F  T  E  R  F
```

BLOOD WORK	CHOKE
EVER AFTER	ISLE OF DOGS
MARTIAN CHILD	MATERIAL GIRLS
SERAPHIM FALLS	THE BIG YEAR
THE CLEANSE	THE GRIFTERS
THE WITCHES	WHEN IN ROME

Answers on page 123

Dianne Wiest

```
F Y O A Q N U L Q P K G D K Z I
Q S L P M P A S S E N G E R S C
Z S Q A G G B T H E B X T O E A
C M Q D J Y L T G A T R Y O Q R
E U L O W L H A C N A X P U K E
T B F W O H R P O E X N L N Y A
O F O X R H S I Y D J T S Z C L
G A J B L T T G K O B N O Y A O
N O H Q O A I E S I S T E R S T
J B J B C B L Z O K G F M X C P
B T O I E U D Z W K M B Q R Z T
K R D H M D A P H I Z Y N I W F
J E T E B X O H S N E W U O I D
D Q H H D J R A B B I T H O L E
T T X H E T H E H U M B L I N G
I J E L I F E I N P I E C E S L
```

I CARE A LOT

SISTERS

LIFE IN PIECES

THE BIG YEAR

RAGE

DEDICATION

THE MULE

THE HUMBLING

POE

RABBIT HOLE

PASSENGERS

ROBOTS

Answers on page 123

Goldie Hawn

```
F L O V E R S A N D L I A R S D
T Z Z I W Q Q I O S X F J R L E
X J I C M R R M M N S O O L H A
Y V A Y R J K Y B A Y P V S O T
M X A D T T X I K T L W E F U H
B P G Q T Q Z G D C C I R O S B
E D F S E V R K I H K L B S E E
S S H A M P O O Z E W D O W S C
T P R O T O C O L D W C A O I O
F I Z A G K H W I G N A R F T M
R D L X T W J F W X C T D M T E
I D V N M Q L C Z V U S T I E S
E U R M V A P W D L V E Y G R H
N L P S W I N G S H I F T J M E
D F O U L P L A Y X O J Y B R R
S C A C T U S F L O W E R G U R
```

BEST FRIENDS

DEATH BECOMES HER

HOUSESITTER

OVERBOARD

SHAMPOO

SWING SHIFT

CACTUS FLOWER

FOUL PLAY

LOVERS AND LIARS

PROTOCOL

SNATCHED

WILDCATS

Answers on page 123

Gwyneth Paltrow

```
O N F A W G G K Q T I H U S H S
S H A R D E I G H T N T C J L T
F R G O J O R C T Y F C O K D L
S H H F G M Z H H X A T Y W N E
L M A L I C E U T V M W G U C R
I Y X V L N A J W H O L J N X Z
D W W B L M C Q O E U O U T K I
I P Y E G I Q B L Y S O H P U D
N B D O M M S Y O F B S B F L V
G V D O K S Y N V V I P K H Z N
D W E O Q X L D E D Y U U F I T
O L X E P X V D R G G Q W N P U
O F R X I L I U S I J Z N V E H
R W L N L U A E I R O N M A N L
S L X V A N I T D S E M M A R S
T H I D J Y J S Y H M Q I W D E
```

BOUNCE	DOGMA
DUETS	EMMA
HARD EIGHT	HUSH
INFAMOUS	IRON MAN
MALICE	SLIDING DOORS
SYLVIA	TWO LOVERS

Answers on page 124

Julianne Moore

```
O S T I L L A L I C E D X C U E
T Z V Q E U T J I O N A L Y B J
H C W X A O U U T O C K N F W N
E I Y G S W D N C Q N C L Y O A
G L A X S E A I F N F I C S E L
L C B A F C B H Y R A B H R S A
O F P K L R H L S I E T M S B U
R A M E U O F M L B N E E Y B K
I R B B Y G D O K E C N H S Y U
A C U H N G N U V E D K B E M R
S S F I K G W E P N E N N N L A
B S E B A S S U I Q Z K E R G D
P B R M V J A L L Y H D E T Z T
O A F H P X B J L Y E P A M E R
B C A R R I E H N D C H L O E A
R F A R F R O M H E A V E N X K
```

BEING FLYNN
BLINDNESS
CHLOE
FREEHELD
SEVENTH SON
SUBURBICON

BEL CANTO
CARRIE
FAR FROM HEAVEN
MAGNOLIA
STILL ALICE
THE GLORIAS

Answers on page 124

Debra Winger

```
N V M Q O Q L U V A R Y Q D B I
I E B S S N A O S S K S F I O Y
T U Y L T H X Q U J J W Y P Y E
A H C K A Z P O Z T E G M E C V
S J E O U C S R U S O D L U H E
A K S L X J K W Q L A Y O J O R
P R J J O Q V W U K V R L B I Y
O C A E H V S E I K V V A E R B
U K Q C Y T E K F D F O V T Q O
R A D I O L Z R P I O A E R K D
V Q Q Q Z G F E S C Q W R A M Y
U R B A N C O W B O Y C S Y B W
Q W Y U M N C F V S D S U E C I
G Y L E G A L E A G L E S D Q N
E L E A P O F F A I T H W S Z S
W K A J I L L I O N A I R E Y E
```

BETRAYED   BLACK WIDOW

BOYCHOIR   EULOGY

EVERYBODY WINS   KAJILLIONAIRE

LEAP OF FAITH   LEGAL EAGLES

LOLA VERSUS   RADIO

THE LOVERS   URBAN COWBOY

Answers on page 124

Juliette Binoche

```
E N D L E S S N I G H T T Q L M
P R D F D I J C C N S A O H A A
A L P W Z S F G S N F U X Q E S
R G O D Z I L L A B D I H G M S
A F S O C U U G D C Q M H B B L
D T S D Z X G T B H W A I N H A
I N V I S I O N T P R R H G M C
S O G M R I M U L A T T E S A K
E N F Q D B R G M G F Z V J E B
H F I M Y T O U S X B N Q G L A
I I R V E Z V A O F F N Z T N Y
G C E H X C I N F R A C T I O N
H T T D S C O S M O P O L I S U
W I N U R A N O P E N H E A R T
A O R E I R H I G H L I F E U I
Y N W I I N M O Q H S V C T N A
```

PARADISE HIGHWAY
THE TRUTH
HIGH LIFE
VISION
L'ATTESA
ENDLESS NIGHT
AN OPEN HEART

FIRE
INFRACTION
NON-FICTION
SLACK BAY
MARA
GODZILLA
COSMOPOLIS

 Answers on page 124

Daryl Hannah

```
S  I  C  I  L  I  A  N  V  A  M  P  I  R  E  T
B  C  A  U  S  Q  E  S  J  I  V  V  X  T  W  H
L  T  Z  C  X  C  D  W  G  V  R  O  C  N  O  E
I  K  J  W  I  N  V  D  Y  U  C  W  I  E  Q  H
N  R  B  V  Y  T  H  E  P  O  E  T  V  I  C  O
D  G  K  C  C  O  S  M  I  C  R  A  D  I  O  T
R  H  U  G  O  R  E  S  N  B  X  G  N  A  H  F
E  O  D  X  F  A  A  X  P  L  L  I  Q  J  O  L
V  O  R  U  S  I  W  K  H  L  Q  W  J  N  T  A
E  G  M  J  E  K  A  P  O  T  A  J  G  L  Q  S
N  D  X  C  L  L  K  S  L  Q  H  S  C  Q  C  H
G  J  M  B  E  F  E  Q  C  H  V  I  H  S  A  E
E  E  M  O  L  E  N  O  A  F  R  N  R  N  K  S
I  A  M  M  I  C  H  A  E  L  M  U  E  Y  Q  B
T  P  I  H  M  N  S  I  L  V  E  R  C  I  T  Y
L  B  C  W  A  L  L  S  T  R  E  E  T  A  Q  T
```

AWAKEN	BLIND REVENGE
COSMIC RADIO	I AM MICHAEL
OLE	SICILIAN VAMPIRE
SILVER CITY	SPLASH
THE HOT FLASHES	THE POET
VICE	WALL STREET

Whoopi Goldberg

```
D M A D E A G O E S T O J A I L
F O R C O L O R E D G I R L S I
E I N Y Z Z L I E W F H X L I J
U Q A O T O P F I V E H O D F J
S H O R B O D F O I I D E S M T
G I N I I O S Z U S T G G I T H
Q V S O G P D O C R I T S X J E
Z T N T T X O Y A S L C C C O M
Y Y W A E V G I S P L O C Z Y U
K R F D R R P A P F D C U A U P
B M U H P K A P E C O I F G T P
U S Y G R X J C H R K O S S H E
D F C Y M C U R T E E L L H M T
N E M M O N K E Y B O N E F U S
X I B I G S T O N E G A P S W O
B L A C K D O G R E D D O G B G
```

TILL
FURLOUGH
BLACK DOG, RED DOG
TOP FIVE
FOR COLORED GIRLS
SISTER ACT
GHOST

NOBODY'S FOOL
RIO
BIG STONE GAP
THE MUPPETS
MADEA GOES TO JAIL
MONKEYBONE
SOAPDISH

Answers on page 125

Carol Burnett

```
G A E T R X K L G X O C P N P L
T U L E D N H X M K Y S K F W T
H E A L T H A O V A H X F P L Y
E W T Y T A I H S J G O I C X U
F L M T H O K D E T S N Y Z G Q
O C P Q H H G I J E A L U N G I
U U B E Z E N E S U J G I M I N
R W D U T N F I T P R D E K P G
S B S V A E O R G H D H Q Q D I
E S O R F N N T O E E Z E A B V
A W T Q T S G T W N J R R P Y W
S J S L Y T Y A I D T G N P B H
O P D U Q Z O Y E L T P Q O F J
N L I L A B N E R S L C A E W Y
S Q E O S G D C O U S I C G K W
A Q V C W Y P P O S D C E F E L
```

A WEDDING   ALL TOGETHER NOW

ANNIE   HEALTH

HOSTAGE   LIL ABNER

MAGNUM PI   NOISES OFF

PETE N TILLIE   POST GRAD

THE FOUR SEASONS   THE FRONT PAGE

Jessica Tandy

```
Y  S  O  K  N  Y  Q  D  Z  N  Q  F  V  J  U  T
V  S  U  R  P  R  I  F  O  E  U  G  E  L  H  R
U  S  D  N  N  M  D  O  Z  K  P  F  O  G  I  Y
U  M  X  V  C  S  C  O  C  A  S  O  I  A  Q  R
N  I  T  N  R  O  V  Y  L  D  F  N  F  N  E  U
Y  D  E  Z  C  X  W  L  N  S  E  F  X  B  K  R
V  C  R  O  Q  N  I  E  Y  H  A  V  M  V  M  O
P  U  E  K  O  M  I  D  T  R  M  A  I  H  G  J
S  I  T  G  A  R  O  F  E  S  R  F  K  B  N  L
T  Q  A  C  F  B  O  B  D  E  J  T  M  P  A  M
W  R  G  T  O  L  M  R  V  D  R  W  B  B  A  W
D  R  S  N  L  E  I  E  Y  Z  R  X  Q  K  A  P
W  E  M  I  T  B  R  W  X  G  Z  L  N  G  M  K
B  G  T  P  E  O  J  L  Z  B  U  T  L  E  Y  R
D  S  E  H  F  F  H  M  D  M  B  V  O  I  M  I
J  S  T  L  X  T  E  M  V  Y  W  T  K  O  Z  C
```

BEST FRIENDS	BUTLEY
CAMILLA	COCOON
DRAGONWYCK	FOREVER AMBER
NOBODY'S FOOL	SEPTEMBER AFFAIR
STILL OF THE NIGHT	THE BIRDS

Answers on page 125

Helen Hunt

```
E I T H E W A T E R D A N C E H
G Z X O T Z L E U Y M R R B E S
N K R N G I T N Y D G P M B V E
L I Y L I I Z T L T M Y T O E V
P S P Y J S X A W B W S W B R G
A S C Y S E C H O I N Y K R Y W
Y O A O L E F A L S S V Q O D D
I F S U T Y S N N C S T E B A N
T D T J C O J S W D T Q E E Y M
F E A I D U Q S I N Y U Q R H N
O A W R Q C N Q J O K J C T M X
R T A Z E Y P R F D N V A S J K
W H Y N L F V K O T W S U R Q C
A A S G O O D A S I T G E T S K
R C N R E M A D A B O U T Y O U
D I A J A G O O D W O M A N M U
```

A GOOD WOMAN	AS GOOD AS IT GETS
BOB ROBERTS	CANDY JAR
CASTAWAY	EVERY DAY
I SEE YOU	KISS OF DEATH
MAD ABOUT YOU	ONLY YOU
PAY IT FORWARD	SESSIONS
THE WATERDANCE	TWISTER

Patricia Arquette

```
S F H H N R Q U L G V O K G W T
W P U N M T H W K O C D L B M R
V E Z P N J F E R O T U I M X U
E R M E D I U M U D O I T G P E
L M C Y T M H R K B T N T T O R
E A T X I E O Y O Y H F L I T O
C N H B E K L Y R E E I E G I M
T E E T Z B E R L L R N N A P A
R N W J X X S V W O H I I T T N
I T A V X K Z A D V O T C U O C
C L N S G I C O V E O Y K E E E
S W N W A Z O W T R D U Y C S E
L F A K P H S T I G M A T A J A
I Z B E Y C O G P S Z N D I T V
D R E O V I J A Y A N D I G C O
E J B O Y F V M O O S A A E J Q
```

BOYHOOD	ELECTRIC SLIDE
GOODBYE LOVER	HOLES
INFINITY	LITTLE NICKY
MEDIUM	OTHERHOOD
PERMANENT	STIGMATA
THE WANNABE	TIPTOES
TRUE ROMANCE	VIJAY AND I

Answers on page 126

Kate Hudson

```
A D R A I B B N E X G V G M B H
Z W F L K L P M P Z E F A E H R
X W O Z J C A V P Y T D C X U I
N Y O E R P C Y J S A R I Z G C
O T L X C V F L I T O E Z R O O
D D S S L N I X U V W M J L S C
E F G R U L E O I U P A Y X S H
S W O V Z O B D M X L R L X I E
E O L M Y A E P U B T S I C P T
R J D V E H Y W S L H H F T N R
T C I K T V V U I X G A T C Y I
B K F P H Z Z X C E U L V S V V
L B R I D E W A R S Q L Y I G E
U R A I S I N G H E L E N Q R R
E R R O C K T H E K A S B A H D
Y A L M O S T F A M O U S Q P X
```

ABOUT ADAM	ALMOST FAMOUS
BRIDE WARS	DESERT BLUE
FOOL'S GOLD	GOSSIP
MARSHALL	MUSIC
RAISING HELEN	RICOCHET RIVER
ROCK THE KASBAH	THE DIVORCE

Answers on page 126

Catherine Zeta-Jones

```
B V L F X P Q P Z B W E J Z X V
R R M L C T G X W O W N K W D H
Z F O F E M Y I W L A T D Z A I
E T O C T U U T Q S V R C T X G
O H T A K R K D I P A A H H V H
C E H P I O A C Z A I P I E S F
E H E H D B F F E J B M C R I I
A A T I M L Y A F Y Q E A E D D
N U E C J U A J G I J N G B E E
S N R O V E M F P E C T O O E L
T T M T V J W X E J S Q T U F I
W I I W K U R U L D U Y M N F T
E N N O Z I G F G T L A U D E Y
L G A K R C O B D W X T G R C S
V X L E T E T P A B R N N Y T V
E S P L I T T I N G H E I R S U
```

SIDE EFFECTS	ROCK OF AGES
THE REBOUND	OCEAN'S TWELVE
THE TERMINAL	TRAFFIC
HIGH FIDELITY	THE HAUNTING
ENTRAPMENT	CHICAGO
BLUE JUICE	SPLITTING HEIRS

Answers on page 126

Cameron Diaz

```
L C T H E G R E E N H O R N E T
R T H E C O U N S E L O R H Q H
E D S A T L I J F U F A R E K E
Z L V U R K S E O P G E G C R S
T V G E X L F L Y K H P S Y K W
H S A X R N I M A C R E W E N E
E K Z N E Y S E A C O T X W S E
H A N N I E B E S H K S V S T T
O Q T Y F L T A S A Z E Z J E E
L Y H N J D L R D T N E R N B S
I S E U A Y E A I T G G Q S V T
D H B B H H G B S I H C E M Y T
A R O I N H M F H K Z I W L D H
Y E X I S A P N L T Y U N Z S I
M K K X G Z U A D F L K A G G N
V E O A C I I E G P F D S F S G
```

ANNIE

CHARLIE'S ANGELS

IN HER SHOES

SLACKERS

THE COUNSELOR

THE HOLIDAY

VANILLA SKY

BAD TEACHER

GAMBIT

SHREK

THE BOX

THE GREEN HORNET

THE SWEETEST THING

VERY BAD THINGS

Answers on page 127

Debbie Reynolds

```
O N E F O R T H E M O N E Y M S
C H A R L O T T E S W E B M H Y
B U N D L E O F J O Y E C T O P
E T H E M A T I N G G A M E W J
Z S M G H X F I D R W A W T S E
L Q Z Y K S R V S F K D I H W O
M Q Y K S M Q O L T O W J E E Y
K R U L F I P E P E Y X T R E G
U L V M Q P X V D R Q U E A T N
R A W D Y P D L A G O S D T I Y
U D Q L U B O M O D F X M R T Y
I E Y H M N Y S N V S E O A I D
Z W G D V R R A U F E G T C S M
K V I U A X N N F T W S H E B C
M T Y M U I R P E L K J E Y W V
N S I N G I N I N T H E R A I N
```

BUNDLE OF JOY	CHARLOTTE'S WEB
HOW SWEET IT IS	IN AND OUT
MARY, MARY	MOTHER
MY SIX LOVES	ONE FOR THE MONEY
PEPE	SINGIN IN THE RAIN
THE MATING GAME	THE RAT RACE

 Answers on page 127

Rita Hayworth

```
P P A D H I D Z Z S I J Z W A J
T U A T P Q Y V S Q U Y H C M D
H H K I H A C C U Y D N R H O Q
E T O R D E L O S U N U L U X C
R H T M M T N J V K U S M M J I
O E H R I H O A O E U R L A N R
A S E C Q C B D K E R Q Y N R C
D H R C E K I S A E Y G N C E U
T A O A U L K D A N D Y I A W S
O D V B X C S J E L C Z W R Q W
S O E I J H F Z G B O E O G L O
A W R C Z M D R I H U M P O K R
L M D F O E A J L L L R E X O L
I I O F Z F N C D B C N E X B D
N G Y D L A P S A R O O B A A G
A A I E E N E M Z Z L E X M U V
```

CIRCUS WORLD	COVER GIRL
GILDA	HOMICIDE BUREAU
HUMAN CARGO	PAID TO DANCE
PAL JOEY	SALOME
THE NAKED ZOO	THE ROAD TO SALINA
THE ROVER	THE SHADOW

Answers on page 127

Jean Harlow

```
L  J  T  L  B  D  M  Y  A  D  C  P  U  X  H  I
Q  T  Q  P  W  H  R  W  I  T  L  C  O  H  S  R
S  Z  R  I  M  J  N  D  O  L  I  H  S  E  F  O
Z  E  E  W  X  B  T  O  L  Y  B  I  D  L  K  N
X  E  D  T  V  L  Z  E  T  P  E  N  R  L  R  M
C  G  D  H  E  Z  H  R  O  X  L  A  E  S  I  A
O  S  U  O  S  S  E  Z  B  R  E  S  C  A  F  N
Z  J  S  Z  B  B  H  U  C  P  D  E  K  N  F  E
H  U  T  M  I  Y  P  N  L  S  L  A  L  G  R  S
Q  Y  O  L  U  D  W  F  L  U  A  S  E  E  A  A
I  B  K  O  K  T  L  Y  P  Z  D  X  S  L  F  O
V  D  G  Y  P  D  U  N  M  Y  Y  B  S  S  F  Z
W  I  Y  A  H  O  L  D  Y  O  U  R  M  A  N  P
L  R  Q  Z  E  F  U  S  A  R  A  T  O  G  A  L
P  E  R  S  O  N  A  L  P  R  O  P  E  R  T  Y
J  N  T  H  R  E  E  W  I  S  E  G  I  R  L  S
```

SARATOGA	PERSONAL PROPERTY
LIBELED LADY	SUZY
RIFFRAFF	CHINA SEAS
RECKLESS	BOMBSHELL
RED DUST	HOLD YOUR MAN
THREE WISE GIRLS	IRON MAN
HELL'S ANGELS	LIBERTY

Answers on page 127

Meg Ryan

```
O K A T E A N D L E O P O L D C
I N T H E C U T T O F B J C N H
F R E S T O R A T I O N G I K B
A J T H E W O M E N N A D T M F
N Y H U R T G I U R C O I Y M C
A O H A E X M T W M E W Z O O K
S U V A I E A H B T V W W F R Z
T V E Y N S F A Q C H J P A D J
A E G L F G Y C H S P E X N K D
S G Z F L G I A P T W D D G X X
I O J A R P R N B X P R K E B Y
A T W K T R U Q G W E W P L A N
K M G Q C K G B A U I T C S J L
G A I I G H M B Y A P G P F V M
F I I H U R L Y B U R L Y P V N
R L P R O O F O F L I F E K W Q
```

ANASTASIA	CITY OF ANGELS
HANGING UP	HURLYBURLY
IN THE CUT	ITHACA
KATE AND LEOPOLD	PROOF OF LIFE
RESTORATION	THE DEAL
THE WOMEN	YOU'VE GOT MAIL

Mae West

```
Z I I R F J X X H P I C T V N V
E Q M F V E W M D K V N S A I S
A G X I Q Z Z T Q Z W N K U G H
S O X K S I H W J O T F L D H E
T W D C T T S M T T H U O E T D
H E D J H Y E O H O U C N V A O
E S K M A I T R H F G I D I F N
H T L T G N L F E J Z I I L T E
E Y Q B I S E D G D A G K L E H
A O C O Y D E M S O Y K E E R I
T U G D B C H X A T D X A L N M
S N G Z A L D D T S A N N E I W
O G E O Z P G R G E T R N T G R
N M X P U W R R S U T D I F H O
U A I M N O A N G E L T E N T N
B N S K I Q O P S A I Z E X R G
```

SEXTETTE
GOIN' TO TOWN
SHE DONE HIM WRONG
KLONDIKE ANNIE
MISTER ED
VAUDEVILLE

THE HEAT'S ON
I'M NO ANGEL
NIGHT AFTER NIGHT
GO WEST YOUNG MAN
JANE MAST
CHILD STAR

Answers on page 128

Gillian Anderson

```
M T T H E M I G H T Y C E L T C
Z H C C Q S T B L A S T L O V E
T E A N R D I V Q P U G J K R B
S H C L P O E K J D N U P V I L
B O E L L V O T I Y R H Z D E
T U F X O A Y K N I H R F B I A
Q S E Y F S B R E K V R V G H K
O E T J G I U O W D I H O X Z H
F O K Z Y T L R U D H O W Q A O
F F V H E X U E E T W O L U O U
R M O H W L T C S E E L U I R S
O I T D G V B O I S A V C S G E
T R L D V V A G Q F O G E B E Z
S T T L C L O N E Y W L F S P C
F H B O W O I H I I X C D Y Y G
N N P H B D T C Q X Q G P K G Q
```

ALL ABOUT EVE

BLEAK HOUSE

BOOGIE WOOGIE

CLOSURE

CROOKED HOUSE

LAST LOVE

SOLD

THE FALL

THE HOUSE OF MIRTH

THE MIGHTY CELT

THE TURNING

THE X FILES

Emma Watson

```
L Z H J C T F U U E Z X Q A O I
K B O P W O C G N U C E L Y H T
E Q G F P N V I A J O D I U B H
A L H N Y Y O Z M K L R T T A I
P J I G I M Y T B Z O E T H L S
P Z R T R L Y T A S N G L E L I
B R O E Y M Z H S W I R E B E S
X Q H V U C K E S P A E W L T T
B V D G P T H C A Q U S O I S H
I Z F D L M K I D M P S M N H E
W D I J N Z T R O A B I E G O E
J D Y Z U S R C R X Y O N R E N
G O I J T B R L T R O N N I S D
P D E S P E R E A U X W O N S C
H A R R Y P O T T E R J A G D K
E O L Z K A I N Y K Y Q H F J Z
```

BALLET SHOES
DESPEREAUX
HERMOINE
NOAH
THE BLING RING
THIS IS THE END

COLONIA
HARRY POTTER
LITTLE WOMEN
REGRESSION
THE CIRCLE
UN AMBASSADOR

Ginger Rogers

```
O F D V M F J V X X P X A B Y X
P S P E O Y S X C X N H B L N T
L L R G N C D T B G Q G A A R E
K S I T K G R H A W X C C C O N
I H M E E G E Z U G X H H K X D
T A R E Y T A K K O E G E W I E
T L O N B R M Y P X U D L I E R
Y L S A U F B I Z F S T O D H C
F W E G S F O W M Y O C R O A O
O E P E I U A R C P O F M W R M
Y D A R N U T O S Y U U O A T R
L A T E E S B T J V K A T W P A
E N H B S M H P P X N W H A X D
J C W E S G C A N U J L E G H E
L E N L I K P C Y J O E R G U Q
N P I T U G B B P V J S R C J U
```

BACHELOR MOTHER   BLACK WIDOW
DREAMBOAT   KITTY FOYLE
MONKEY BUSINESS   PRIMROSE PATH
ROXIE HART   SHALL WE DANCE
STAGE DOOR   TEENAGE REBEL
TENDER COMRADE   TIGHT SPOT

Katharine Hepburn – Solution

```
G S B O N G O L D E N P O N D U
X J R W D Q C C F P P Z T A P N
C M R S P O H X I X A B H D R D
V W U P G M V T U P T P E A O E
C I U O V S L L F D A O R M O R
V T M G U O O G M W N L A S S C
N H H T W N V M Z U D J I R T U
O O V X S G E R A Z M S N I E R
T U I U F O A M K U I W M B R R
D T X Z N F F W U A K X A N C E
E L P R U L F O I L E J K X O N
S O X O B O A Z O W G E K G T
K V R K C V I R V N B L R W B Y
S E B J D E R R C X H V C Z U S
E S U M M E R T I M E A L E R Y
T G R A C E Q U I G L E Y W N G
```

Meryl Streep – Solution

```
O U T O F A F R I C A C C L T S
S M M Z Y Y A J U G K K I W G O
T C A H O Y M C Z T K Q M W P
H X B J M C I F U N H X W K K H
E J W W M E B Z G E P O I T I
H N Z Q J M A Z U N G A T L K E
O J P W F J F M U Y I X Z M P S
U D O U B T X G I O V R A Z X C
R D Y G G R J J A E U U D O H
S T S P J A Y Y W Q R M A N Y O
M V A T R L R E N D I T I O N I
I Q J U L I E A N D J U L I A C
D Z V N M U I C W Q D T K E
A C L E T T H E M A L L T A L K
J M A R V I N S R O O M D C O O
G F A N T A S T I C M R F O X U
```

Ingrid Bergman – Solution

```
S Q A O S P E L L B O U N D P C
S I N T E R M E Z Z O P D U S C
R T S L S M V M U I Y E T R T A
G U I L C J O A N O F A R C R S
U O Z M F J D L K C P B P S O A
A E N J U M U N E V K Z O N M B
W G M L H L K N O K O G R X B L
O O A K Y R A R E T W Y H Y O A
M I S S C O A N I N O A Y H L N
A P L W L L N W T L I R D V I C
N W Z Y L I K E M I J G I U H A
S G U O L K G Q N S A R H O L D
F A D O T Q B H U I H J Q T U L
A A B I Z F U D T C G H U V N S
C H H O B D I K W W R H I H X
E E Q L R H J E Q A L Q T H H X
```

Marilyn Monroe – Solution

```
P T A T A X M P J M S Q H L U L
S S K H O M E T O W N S T O R Y
O S N E B F K R I F A P Y B E J
M Y E F Q Y E L O V E N E S T O
E F Y I R N U N Y N V W G V J I B
L Y G R N I L G I X Y C I W J G
I P E R A U L O V E H A P P Y
K W Q B X G A S B U S S T O P G
E Y P A Y A Q O K K N L W O T T
I F P L K R I O K I M M R A V C
T I F L Y A O S R O U R S Z N O
H I A L L A B O U T E V E U U C
O T H E M I S F I T S O P J K Q
T L M O N K E Y B U S I N E S S
L E T S M A K E L O V E K E C Y
L E T S M A K E I T L E G A L H
```

Kate Winslet - Solution

```
B A L L T H E K I N G S M E N I
D X B L A C K B I R D C Z R E P
T H E D R E S S M A K E R A T T
W E J N M B Z M C T E G P W Y S
B Y N A P G L I H A M L E T B E
L I S I W O N Q A S T L B O I V
A D A P G A W U K S C N J Y R E
C Q F V T M C A F Q F E D G V F
K F N I F D A O V S V V Q Q P T
B P T A H B Y F N E A W W P R J
E X P E X N N K T T W F U L S I
A G O F U W V S N D A U K A Z C
U Q A C R W D I V E R G E N T D
T V P W E O T H E H O L I D A Y
Y K V E N V K Z H R O J B O T X
D C E S N X B I R I S Y R C N M
```

Elizabeth Taylor - Solution

```
A C A D A T E W I T H J U D Y J
X L A S S I E C O M E H O M E E
S N I G H T W A T C H Z Y G O E
V L I T T L E W O M E N M H U M
E W T T M C R N O Z N X B M
L A C X P B O H Z F Y A Q U M
E C J X Y N A U K V Z C N T R
P P L Q Q B S P U I Y G O W T Q
H K R E T P P S T Y S X P Q E M
A C P T O L I O B X A Q J S R T
N M J M C P R D G I A N T Y F T
T L E D L J A Y M J L W O H I I
W T Q W R F T T L I A E O Q E I
A F E U O Y O S R Q G S C X L J
L C U B J Z R X S A T C W Q D D
K X T H E F L I N T S T O N E S
```

Cate Blanchett - Solution

```
N T O N N W J L U Y F F Y B Z U
M H L O X E E W L T L N A A C V
N O L F C B A O U N Y M G N S A
P R F I A E R T G X K U C D V X
A R I B T A A O H T I F P I A Z
D A B K C T E N E E A K G T F Z
I G D T B Z L L S C H V Z S Y M
A N H P Y Y V E I E R O F C Y W
S A Q Q B Y D I F Z I B B S V G
Z R N A T I B E P I A G W B W W
T O K K E N L X J V S B H U I I
S K X S U S F A J R F H E T Z T
T H E M I S S I N G Y B L T Y I
F B T H E A V I A T O R K M H D
O V S O N G T O S O N G E I I X
K O W W B L U E J A S M I N E G
```

Audrey Hepburn - Solution

```
P X T H S E C R E T P E O P L E
X O Y T T H E J K Q R E U M I W
W V S W E P K Y P F C S N Y W A
B W A R A N D P E A C E G F J I
U L H R L T S E F M V P R A Z T
J J O L O Y T Y R I N J E I R U
A O T O A A N P G Y P V E R Z N
K W N W D N N R O J J R N L X T
U I L E U L O R A J I G M A W I
K A Q F W F I N C H A R A D E L
K M T Z N I I N E J F A N Y Q D
H Q O U O R L R E B Y E S P G A
S O E F B I S D U S C F I O D R
O H Y A L F K N O A L Y O J W K
T P S D I O Q N Q A Y B N A P B
V U J I S L O C C L T V S R Z Z
```

Helen Mirren - Solution

```
T H E Q U E E N R I V D R V X C
H J X B I O C V D D G C N L C A
K P T C V W B O I J R H O L L L
H L X Z O S I G J W E I S R K E
G E H Z W K R V Q P E T U A W N
C O E O P Q D T C Y N C C I O D
Y D S T B E L N T E F H H S M A
H X K F R B P A K C I C T I A R
J Z W L O E S U M A N O H N N G
G Q K Q G R D A V L G C I G I I
V L W G T E D M N Q E K N H N R
I A U N H I R P C D R K G E G L
T Z Z T F B P M A M S H A L O S
C T D J X E C H M R R H N E L Y
U D S Y P V R Q B W K A N D J
H A S N A F H Z B M R T K W X N
```

Bette Davis - Solution

```
R H B U U G N B T U W F A D V E
U Q S O C C P A E L E G Z M T H
O J N U R B M U K Q W N A L H D
G F I O B D Y S K Z R E L S E A
K O H M W J E Z E B E L L P W R
R G G U M V E R T K M A A E O K
J O D H M Y O R T T B C B C R V
R V V A O A T Y L O E H O I K I
D E F N U N H A B W W U A I C
S R M Z N G S B E G W N T L N T
P F Z K H P E E O G E I E A G O
C R V S V U Q R W N E R V G M R
O I Z G Q K D V O I D N E E A Y
U S C E Q N Z G I U F A T N N R
W C Z Q E C X V P Z S E G T H N
O O M J L Z Y S L N M O O E P E
```

Viola Davis - Solution

```
D M A D E A G O E S T O J A I L
B T B T H E H E L P Y J Q P P I
L S A Q Z B K K B H Q R F A D Q
A U H I X T M G M P I X I Y A Q
C I D J J W H T H V F B G A A T
K C P M A I U Q A B R E E U N N
H I Q X W D R D I U X A T H V A
A D P L W O F T Y W T O Z I J
T E O F K W H S V N V P N Z B C
W S L U S S I Z F L A R U F F P
E Q Q Z B D Q F E D P A P I K G
X U U M X T M V N M J Y P B N M
J A T P R F Q I C D B L M Z M Z
F D G W G P T P E Z F O W Z V P
D U T H Q A Q R S L K V O G C X
T R O O P Z E R O U G E K P N Q
```

Nicole Kidman - Solution

```
B H T P I R S J L V T K H H G E
A T A T N W H N H V H S P R M K
T G H P R J K Q H N E T T R P T
M R C E P E Y G M F O O Z K M H
A A O P G Y S P J B T K P G O E
N C L F A O F P Q C H E I Q U P
F E D X U D L E A U E R L B L A
O O M A A R D D E S R Z O E I P
R F O L Q E E I F T S K N W N E
E M U Z U G T N I Y L U I R R R
V O N N A T B H U G N D E T O B
E N T X M B I E U V T C B C U O
R A A I A A C P F L Z O H H G Y
I C I N N V A R E A N T N E E J
D O N L H J H O O B O G N D O U
M R K G D I R M D T M A C D P B
```

Sandra Bullock - Solution

```
X G P R A C T I C A L M A G I C
G R A V I T Y D A N N G T E F D
Y N L F Q L B D L N L Z S D L E
N W K B E Z E P O L A U Y A R M
M Q Y B L E J H I U O F S A P O
H P Z B P L U K R H Y O W N H L
V O P S J E O J E K P D L S U I
U O P N L T C K U O N F A Y Q T
G O B E E B A H R A S R I E Y I
D G G M F L X P E P C R W Z X O
J P I P E L E V B I R D B O X N
U T D H B H O U N H G O T S T M
A L T V T L G A F A A L X N X A
C K U Z N Z U D T R V S O Z S N
H U D I I J W H P M S S Z G O L U
R T H E V A N I S H I N G P M A
```

Natalie Portman - Solution

```
K B L G A C L V O X L U X N N X
C Z S R H O T H O R P G R T M I
D A B L C S H A F O G M P G R B
X Q F U N J E N P O D V R E B N
B G S C A O N L E E F S M P I
L A O Y O N T I A U X O U Q M V
A R N I U E H H N Q L R N V N
C D G N V G E I E C Q V K Q I B
K E T T B O R L T T J E Q C R Y
S N O H R T W A A A F A N T Z H
W S S E O A O T R O C D J P N Z
A T O S T G M I I V K E E D U
N A N K H U A O U E I T Z S P U
T G Y E N N N M J E T R N K N
S E D V R Z R U E P V A P H U O
N J A G S Y Y A H C B G V N N I
```

Jodi Foster - Solution

```
F R E A K Y F R I D A Y S X A E
T Q Z W I F L G S I M S E M H W
H L V Y G K L M M P D S S A O S
E G U N N C T O H O U T O V T C
B C P A N I C R O O M H M E E Y
R Y O M W X A H H W Z E M R L E
A T P N D F R H M E U A E I A B
V P I X T E C V T L L C R C R U
E D P L H A K L B Y P C S K T K
O I U T E F C I R S C U B T E M
N Y O B R F N T H I D S Y L M J
E M D G O Z P A S U D E T M I X
T H Y U Y G L Q N M V D R K S C
Q R W M N I T A X I D R I V E R
B F L I G H T P L A N U A E A Z
M E S M E R I Z E D L U O Z N O
```

Judi Dench - Solution

```
B X E N N L W L B C G K O I L F
C H V K T U L I P F E V E R T S
F X A Z J A N E E Y R E U I L D
G C N C S U G E N X I N R I D E
A B X A R A G E W A A I A L J
O E O T N D W C N O P R Q A D R
K L T S K F E E J S E E Y F A W
C F E U W P M D E H U O D G F G
I A P M V O E H T R R P D E B E
M S R P L R T F T O I E B Q X U
H T J I A I F S N L J D X U X W
F Z H O L O I I S K Y F A L L U
F P I B E L S N D L Q Y A T T T
X U V Z L A K X U D W Q N J U C
A T X A C B R A Q A F P L X N D
A R T E M I S F O W L G X W Z G
```

Amy Adams – Solution

```
Z J U S T I C E L E A G U E A F
A T U G N S K V F D U S C D G R
I U N M A N O F S T E E L D A C
L E A P Y E A R H Y B S L I R J
L L D D B P A W E E R J Y T T H
B U O K H B M G C Z R U D D W N
V Y U Q O H I I Y A Y T H L L P
H D B Z O B I R P G A L U L X H
E J T X U C A R R I V A L Z D X
S K K H D R W D L U L L A B Y V
V O G J F F R D V I C E M A T
X K O V N O N T H E R O A D X G
N O C T U R N A L A N I M A L S
Z T H E M U P P E T S A G V T S
U L H I L L B I L L Y E L E G Y
A M E R I C A N H U S T L E B J
```

Julia Roberts – Solution

```
A R P X F G M N N G U I Z S M O
P U R P C Z N R W C V T L H O C
C N E B T L E U B A K F C J N E
W A T V M H O L K C B I P M A A
E W T R B M O S V A V X N O L N
A A Y L A Q D O E O D O N L I S
T Y W T H O D U K R I Q L R S E
P B O I U Q C C P T K I S A L A
R R M W H D O B C L H X A G S S
A I A I O R I A X G I A L J M V
Y D N E B N F K N O J C T B I E
L E S N S S D I R K D O I C L N
O D I A I F T E A R A X U T E M
V R P T L T N W R L F J S E Y K
E O A G O I E I L F I W A G J K
O S D N X C O E H O R Q B Z B E
```

Diane Keaton – Solution

```
E W M X E E K Y G I E R C Z F S
T T A T T D L J U I P D T K Q V
H H N E Q C O A S V O H H R W I
E E H R M Y V D S A M P E Q N T
O F A M A V E Y S N S J G I U L
T A T I D R A L Y N M E O S K V
H M T N M Q N J F I Y S D F I O
E I A A O U D J Y E I K F U E F
R L N L N F D S X H Z K A X N A
S Y A I E E E U U A W I T O Z Q
I S U M Y R A V Y L Y H M C O
S T F P M J T F G L B G E T H I
T O R A X I H E Q K U U R N U N
E N W C Q U T H E S L E E P E R
R E S T E R V E D R E S R S G B
T O S H O O T T H E M O O N C M
```

Grace Kelly – Solution

```
H I G H N O O N A B Z L F M V X
W A C N R E A R R A N G E D T D
O P T P R F O Z P Q O G O F O I
W O T D Y B V Q A C F Z H O C A
X E U H M S Z O D V M M I U A L
S Q R A E J P K S N A V G R T M
I R G E V S G H Q X G O H T C F
G O T B A W Y B N B X S E H O R
M R X H I R Y A L G K O O E A R
X X E I E G W N N R W K C N T M
G H O E O C T I A O N Y I H H U
U A M J N L O N U M Z E O I R
Z U G E V F O O W D T K T U E D
Q U N F O L I A C N O B Y R F E
L T X W Y T Y R K K E W L S D R
N Y X I A H F U E D X W D W R R
```

Shirley MacLaine – Solution

VALENTINESDAY
THEEVENINGSTAR
GUARDINGTESS
THEAPARTMENT
BEWITCHED
RUMORHASIT

Jennifer Lawrence – Solution

THEPOKERHOUSE
THEBEAVERS
WINTERSBONE
THEHUNGERGAMES

Charlize Theron – Solution

THEROAD
HANCOCK
PROMETHEUS
ATOMICBLONDE
THEITALIANJOB
TULLY

Judy Garland – Solution

MEETMEINSTLOUIS
BABESINARMS
ASTARISBORN
EVERYBODYSING
THEPIRATE
THECLOCK
THEWIZARDOFOZ
THOUSANDSCHEER
EASTERPARADE

Vivien Leigh – Solution

```
V W A T E R L O O B R I D G E T
F S Y F L N S R E T L R S D N H
I Y P Q B S U A D H Y L T G D E
R P S M F M F Y S E U M O Z S V
E D H V P A U A U D N X R H M I
O A I I Q L H N L E D A M K K L
V R P V E L F K L E F K I D B L
E K O L F W L A I P F Q N T X A
R J F I F O I T V B N J A L J G
E O F N Q R M O A L U R T S L E
N U O G X L F X N U E E E Q L S
G R O W P D M F F E Z U A N H Q
L N L J X T Y O M S Z F C G A U
A E S P D Y B R S E O X U A R I
N Y K B P X C D T A X M P A R R
D X A N N A K A R E N I N A T E
```

Angelina Jolie – Solution

```
H G X P N H N F A M D Y C A H R
A I W F C A P I S O B G L T Q K
J R F A Y D J P Q Z N Q I J T Z
T L U D M H V S B I N M M N S O
H I Y S L I W Y L S S K E W D P
E N Q U O U G E Z S A C T E T T
T T G N C J G H R P I L T W I B
O E C F D N Y M T F O N T U L V
U R X O A X D L E Y A Y J I P T
R R S H M N B L E W H M H T L O
I U C Q A E A B Y T H E S E A D
S P G R D M A R S W Q L A T S S
T T M O B D G W S E H O W R Y C
B E O W U L F H A P S Q N H T J
A D R Z R R N N H Y M A N A G A
F K U N G F U P A N D A L N J N
```

Anne Hathaway – Solution

```
L L N Y E S S C D H R E L V T W
X U U P L Z E G R S E R H E R K
I Y A A L L R P H K B J Z S I H
N H T S A O E A I B K R Y Y O N
T B H S E C N L H S U S A Y C P
E T E E N K I U V Z F D X L E B
R H I N C E T J Y E E D A L A C
S E N G H D Y K T N E S L G N W
T H T E A D Y E O B S N N F S V
E U E R N O B F Z O W N M L E Q
L S R S T W T U L I E B F D I G
L T N I E N Z O N I T I W E G M
A L I U D O C Q B V B V N V H Z
R E T H E W I T C H E S P N T G
I G L E S M I S E R A B L E S P
Y E M E J E N G E T S M A R T V
```

Barbara Stanwyck – Solution

```
D A N A T A S T E O F E V I L I
O K T K K L Z O H R H S L Y H Z
U L U H R R I F S E Z T E N T E
B R C C E D N O X V Y L A E S R
L O X E T L T S D Q L J R X E O
E U J Y D H E F Z A P I I V W E
I S L T X U X T V P F T E L R V
N T S H E F G T F W Y M I J D
D A L V W E I O O E D Y S J E M
E B K G G B F L R A R E O G O C
M O V P E T L U L T D S J H P L
N U H H V A N E R I Y V V Q A V
I T T O B I H H L I A G Y S R N
T K N Q N T I L D S E C U O D E
Y B P V P G A C F L W S A N Y M
C R I M E O F P A S S I O N S C
```

Joan Fontaine - Solution

```
I S L A N D I N T H E S U N H T
Y Z H B U I M S R K U O M G P H
S K Y G I A N T E J O R P W P E
Z C A U G D A P B R S J I F F B
C U R C M T N W E T E Y K E S I
V D B T E T D I C B F N B N V G
M V J I H R H X C K B K A F G A
G M B X V E T E A T S R O D I M
L U N N J A W A W L I O C Y E I
V H N C G W N O I I A V J W Q S
O I L G X Z G H M N T O Y S G T
B H Q O A B P A O E S C B F K Y
F P K O M D Y H O E N M H O R R
R T J V Y G I G B B B Q H I E X J
J H E Y H B C N G Z S A Z L S J
T F S U S P I C I O N H H S E L
```

Faye Dunaway - Solution

```
P I B L I N D H O R I Z O N O T
J L N G L O P O P K W S M B J H
B M K C H A B H C A D X U W A E
Z J Y U O S I V R K L A Y R C
E P J Z N L T A V C S H J A A
S G C P T F C Y G R T L U H M S
S Z D U W H E E A O A E X O T E
V P N T T H E G I H O F H I S F
G R A C T O U C H V M D A L F O
A M B D T R O F H B A B B R
R F K L C A U F D A E B B Y X C
G C K V F H I V O H M W L D E H
M H L F F M Q N T I J B W E O R
D R U N K S X Q C B A P E O E I
N O C H A N G I N G H E A R T S
A L B I N O A L L I G A T O R T
```

Susan Hayward - Solution

```
Z T H E S A X O N C H A R M P W
U U M G A R D E N O F E V I L O
T H E H O N E Y P O T M T D I M
L T H P C A D Q K L U F H M L A
T H E R E V E N G E R S E I L N
Q S I E Q T X X G F V A C W C O
O E T A P R O O T S C D O A R B
M T A O F V A N W V A N N Y S
C Q L T L H F G Q Y C J Q T T E
W H F B U E X H A S K D U T O S
N M A T B L N K F U I L E O M S
B G P R R U S H F B J V R L O E
T R X Q K A V A O H M N O I R D
O G F N U N O Q P U K G R V R X
G E R G P V T N E L R E O I
J U L X Y T C Y Q M K S D B W U
```

Jane Wyman - Solution

```
U P O L L Y A N N A P Z I Z X P
T B C F L I G H T A N G E L S L
Z S O H N I G H T A N D D A Y E
K M N N F H A F S G G P U L J T
Y A C V C H E Y E N N E R U S
C S Z H R O Q C Q V O U J X S D
L H U C M I Y M G J K T T O T O
S O B I G I M A S O K J N X F I
V F Z C P G T E G T L B U O O T
X L T R F V W T B E A H G O R A
Y C M B C C S S H Y B R U P Y G
Q T H E Y E A R L I N G L Z O A
Y M T H E B L U E V E I L I U I
Q H I X T T F Z Z L Y M G B F N
M Y F A V O R I T E S P Y H W T
J I S T A G E F R I G H T I T V
```

Sophia Loren - Solution

```
T  L  F  T  H  E  L  I  F  E  A  H  E  A  D  L
H  N  H  P  O  W  S  T  O  M  U  O  A  O  A  E
E  U  C  Y  M  J  W  R     R  R  X  S  G  E
P  V  H  H  V  L  O  J  E  R  B  A  W  P  E
R  R  Y  I  M  Y  P  W  W  G  Y  U  B  H  E  N
I  T  V  I  D  P  N  O  C  R  M  R  E  A  C  D
E  O  M  A  X  Z  P  M  R  D  B  K  S  T  I  O
S  W  L  U  G  E  N  E  N  Q  W  A  Q  A  A  F
T  N  H  J  R  I  W  N  Z  O  R  K  U  W  L  T
S  O  D  I  H  W  E  N  A  J  I  H  E  O  D  H
W  F  F  X  D  L  A  H  P  P  L  C  J  M  A  E
I  B  T  V  T  O  K  J  R  Z  Z  J  C  A  Y  L
F  E  H  X  C  C  G  K  O  C  Q  G  P  N  P  O
E  L  J  U  D  I  T  H  M  J  G  X  O  Q  O  S
T  L  O  Q  O  B  L  O  O  D  F  E  U  D  U  T
C  S  W  G  S  P  O  C  E  P  S  J  P  X  U  F
```

Joan Crawford - Solution

```
V  S  A  D  I  E  M  C  K  E  E  G  Z  I  M  K
W  H  A  V  H  J  W  D  E  W  N  R  D  P  Z  R
N  O  N  G  V  V  U  E  K  O  T  J  M  S  R  T
R  D  B  L  S  Y  B  L  S  D  X  B  C  T  T  H
U  P  V  W  N  J  H  Q  O  R  K  D  A  R  R  E
Z  J  N  D  E  J  C  F  Q  E  Y  K  D  A  R  C
H  J  X  E  N  R  M  A  N  N  E  Q  U  I  N  A
M  F  U  C  O  Z  B  E  R  S  E  R  K  T  F  R
M  Q  H  T  E  A  Y  Q  I  S  T  O  S  J  V  E
Y  N  D  P  V  Y  L  U  T  R  O  G  P  A  U  T
T  H  I  S  M  O  D  E  R  N  A  G  E  C  N  A
T  T  A  F  I  T  E  E  A  T  M  A  V  K  X  K
E  I  D  S  F  V  F  N  A  G  O  W  T  E  P  E
T  V  I  T  F  E  P  B  E  G  I  R  Y  T  S  R
G  F  M  I  L  D  R  E  D  P  I  E  R  C  E  S
Y  Q  Q  L  Z  C  L  E  O  J  Z  K  B  X  J  R
```

Kathy Bates - Solution

```
J  P  R  I  M  A  R  Y  C  O  L  O  R  S  L  E
G  E  N  Y  G  T  C  R  W  U  J  J  S  V  D  J
O  Y  D  M  P  I  T  E  O  D  R  I  C  I  V  W
L  O  I  F  E  A  I  Y  O  T  K  H  S  C  A  Z
S  L  A  D  G  A  E  V  B  A  I  D  E  P  L  Q
S  Z  B  J  V  V  D  H  O  O  N  T  E  E  E  X
P  I  O  V  O  L  B  T  O  I  V  H  A  U  N  R
V  V  L  L  S  N  E  K  L  M  E  E  X  N  T  A
Q  C  I  B  C  D  X  B  Z  X  E  W  W  Z  I  T
Y  S  Q  U  X  E  S  G  W  M  A  M  I  N  C
P  E  U  L  K  H  E  H  B  S  I  T  G  Z  E  X
O  I  E  X  T  S  K  S  X  H  S  E  B  B  S  X
S  R  I  N  U  C  W  V  P  P  E  R  F  G  D  H
P  M  B  G  N  I  C  I  X  C  R  B  U  Y  A  J
N  C  T  K  K  O  I  E  C  G  Y  O  C  Y  C
X  P  C  P  F  X  C  O  S  I  W  Y  C  G  I  Z
```

Julie Andrews - Solution

```
A  R  B  A  Y  V  S  F  H  A  E  S  T  A  R  Y
V  D  M  R  E  W  I  Y  G  Z  M  Q  S  X  T  K
I  A  V  C  O  N  G  O  L  D  E  N  P  O  N  D
C  R  E  L  A  T  I  V  E  V  A  L  U  E  S  A
T  L  E  N  C  H  A  N  T  E  D  E  U  T  T  P
O  I  K  M  B  D  S  X  G  A  G  M  A  N  Q  C
R  N  T  A  J  U  O  T  J  K  I  G  I  M  M  C
V  G  O  R  F  E  B  T  H  A  T  S  L  I  F  E
I  L  O  Y  P  T  J  Q  W  H  F  Z  W  E  Q
C  I  T  P  M  F  B  P  A  Z  E  P  O  H  M  E
T  L  H  O  G  O  U  B  Q  K  Q  T  N  I  D  Y
O  I  F  P  Q  R  L  T  U  R  C  A  W  P  W  Z
R  X  A  P  N  O  L  F  A  Q  V  N  F  V  R  G
I  U  I  I  N  R  M  C  Q  T  N  Y  X  Z
A  U  R  N  L  E  M  S  A  W  R  A  E  W  I  R
W  K  Y  S  Q  S  S  O  N  M  M  H  K  P  J  J
```

Deborah Kerr – Solution

```
R E T H E C H A L K G A R D E N
T H E I N N O C E N T S H W F Y
J B Q K C E C H M X Z Y W C C A
T L Z D R V U A I A E X O L B T
H A H B Q Y I W I N G E B H T G
E C Z N V T M R W Y U N U V A
K K K T H E H U C K S T E R S D
I N X U D G O X T D W Z J U F
N A G S O J P Z D K W B K H M Q
G R X K E A Y O U N G B E S S M
A C H P X I A V K L L G I P X
N I T H E A S S A M G A R D E N
D S D R J U L I U S C A E S A R
I S T E A A N D S Y M P A T H Y
S U C T H E S U N D O W N E R S
F S E P A R A T E T A B L E S X
```

Sissy Spacek – Solution

```
I L B Y Q K O U C F Y U A U O J
T T G U A F F L I C T I O N N L
U V M A R I E O B C Z B L G T A
C I I N T H E B E D R O O M H K
K O K E N H O T R O D R F L E E
E L N U W F N V S R S H E A H C
V E W V J G G I A F V Q D E E I
E T W D B M D E N K S C E R L T
R S H Y N M E X E C Q E R P Y
L A U K C N V W A R L A A Z I E
A R E T H C O O Y D A I R G F K
S E V N B L W N V F M V R M W
T B V C T W O U K Y V A G E I R
I L K E L L I C E R S H L Y S E
N U G X H M I F G G N G V L W O
G E W O N V F F X V U I Z F R Z
```

Susan Sarandon – Solution

```
E L I Z A B E T H T O W N Y T S
T H E L O V E L Y B O N E S S N
D L B O C G E Y X P V U Y S A D
E E U P V P K Z L N B Y E M V K
A A L S T E P M O M Y L Y M O U
D V L V I K R O D L R R N O X K
M E D G F Z P O F A A D T K C Q
A S U X S R X N E U C W R O E A
N O R C K K O F N K Z L N U N V
W F H E E G N A C X G X P L C X
A G A G A H J O S E K C T C H M
L R M R Q E C I N I P W Z X A U
K A D L H A L Z Z D X J I G N P
I S S T E W V R I M G N G N T U
N S Y P N N E F G H N Z S X E H
G P R E T T Y B A B Y S T K D E
```

Glenn Close – Solution

```
C I U D M A R Y R E I L L E Y V
O F A T A L A T T R A C T I O N
O Q B T H E D I V O R C E W J P
K M B C V J F E X Y V Z M E H M
I A R U Q T N S O T B B E J Q E
E R T A R Z A N L H W R H P X E
S S W T C X F S B E E M P E J T
F A D S O E I T Q B K W H Q Y I
O T W S C W E H A I X Z U S S N
R T T W H L R O X G K N T H J G
T A H M M I J O Q C E H F Y T V
U C J A B O B K G H G I K R O E
N K H U X I L R A I O S Y D D N
E S W N V A O X E L L W H C K U
N Z B O U L C H Q L B V X E G S
F N H I L L B I L L Y E L E G Y
```

Jane Fonda - Solution

```
M N L K D O U O J R K W S J F M
X N A K T N V H L V M I U D O A
U M T A A S K U W D L M K A Q C
Q W O H D D H T J L G G J A E I
U O T N E O I Q Z N O R Z K H N
Y X N H S C L R H W P X I D R A
J P E G E T H L K L U T E N L T
B I R B O B E A S A Q F U L G S
D O A O P L L R S H P U E O U O
H V O X L T D U I E O R R S T G
V X H K E L H E E N A U P V P C
K G H O C T O K N B L I S U K A
U Z L M U L N V R P I A K E W X
N U R O J Y U A E Z O R W U I J
P S Y L A U B B A R G N D K H I
V O C O M I N G H O M E D J S G
```

Luise Rainer - Solution

```
D T I S H Z H O S T A G E S O W
E T W G X J O N P C D V H V H F
R D R A M A T I C S C H O O L T
E C P M E M V W E U T D T Q U H
R J Y B T Z E D G R E H K O N E
S X Z L U H A Q A P G B N K G G
T X Q E I P E E B I G C I T Y R
E P Q R A V D T L X M Z D C Z E
K H M C Y O S E O I I A M D L A
U X S O O X L Y K Y L Z Z V R T
S E D G C D T S U V W W I W D W
S Y E W N A B G R R M I Z Q C A
Q H N A B O H Q H P F O F H R L
T E C M F I O I V U F W S E M T
C Y O V X Y Y Y V O L G J W K Z
B C K J C T H E L O V E B O A T
```

Reese Witherspoon - Solution

```
Z A W R I N K L E I N T I M E P
C Q L T W H K O N N S X G F V J
R A R E H W G D G J I S R V D W
U P M R G I A O D T N J D R R S
E B L E I A S L M X G T F O L Y
L B C E R D L M K E R O F X M A
I Y R A A I E L E T L V Q S N R
N V X P S C V Y A H G N R M W
T C J B Q P A A I B N E W F N J
E T J B M J A N N L L S L F T G
N S R F I U C F T P S O W I S Q
T S L C R N I L O V S K N A N B
I F B F Q K R N E H I Y N D R E
O L X I X J P V I F Z L C O E X
N B C W I L D G G V M T L H T P
S G M L I F J C T I S N B E O O
```

Doris Day - Solution

```
M O F V O R O X A A W M T K T J
Y N B T E A F O R T W O L E C D
D M S T A R L I F T P A P T A O
R O S B P D U A D R T S S C L N
E O T L K Y U Z U W R I E T A O
A N L N T A T T O E R C R Q M T
M L P G E K F L H A A A D J I D
I I F A M L L C P L E O H K T I
S G G G Z I A N T H Q Q W I Y S
Y H W Z P E I H T F Q T D E J T
O T M Q T L G A Z B R T M U A U
U B V D I I G X F M B Y B X N R
R A A R N N I B C C K B X M E B
S Y P D U R J W T C J Z S N I C
B A I O B C A Y U B N C H T H P
S M Y Y X Z I L H X Z H K N P F
```

Natalie Wood - Solution

```
S W C T X H B R A I N S T O R M
H P I R I T H E J A C K P O T T
K E D D E A R B R A T S N O G H
S N T M X T V Q I R O P F P M E
G E H F F J T H E S T A R Z R G
A L E W J P U P C E U S J I E R
J O B N P F H S K D L H S Z O E
N P L B K H A E T U U E L P O E
L E U O Z X P L O F D U C L P N
B W E E J R P T S E O U B V A P
D Y V A C L Y Q N I B R F K A R
N Z E F R I L O W A E B Y U N O
F B I V B H A U K G X R L O Z M
H Y L D Y X N M F U P D C G U I
W E S T S I D E S T O R Y V G S
O F A O U R V E R Y O W N M E E
```

Ava Gardner - Solution

```
H H G U S H O W B O A T Z T G I
U R P T T Z C W T J J T J H B A
H E M S H I N H G F U T E E M K
Z T E L N E S M N H Y Y M S D F
T H E B R I B E E W R X K E L Z
M A R S G R L L X D C P O N C R
F O Q F X T T O U D E S X T I E
S Z G W C T R N N E H J H I T G
W Z O A I K Y T H E B J P N Y I
W O O L M U X H B H S I F A O N
C E E C N B Q E M Z B T R L N A
Z H B C E M O B D E U L A D F R
T T T H K M B E J G A M I R I O
L I M N L P A C C R R S Z R R M
T G A L V C A C T U C L T L E A
P I D R P G Z H H K H D A W F W
```

Sally Field - Solution

```
F D M R S D O U B T F I R E Q A
K S K F A Z X B E G U K D Q T D
I A F O R R E S T G U M P S W D
S Y E D N B O Q I P B M A W O T
S I Y D O F W F Q D O I V R W U
M T E I R I H P P C L E D N E T
E I F O M M V M R O E J V S E P
G S O Y A J S K N P O Q D U K U
O N R D R I D G P V Y C N R S N
O T A T A V A P X T S L K R J C
D S N G E M S C I T O Y E A H
B O E U L I P C A C U F N N I L
Y J Y E Y C U Y N R O M R D S I
E C E I E A E I W J T A N E F N
E T L I T T L E E V I L A R E
S V A G W U W A R S K V Z R X S
```

Emma Thompson - Solution

```
F H C E A C U R B Y T B W T S A
Z Y O S T A I X S R E Z N Y B K
T R X W A H I D T E A A K K T W
K L L N A V E A O J N V O E X N
Y T O O A R I L M L F M E I U U
V A C V V N D N O L I C I X T E
N E W A E E N S G V E T X U C T
M X A A R A A Y E M E G T Q B S
E A B H S R C C M N R P E L S G
W Q Y I B R I T T C D B U N E S
E U V B B Q I N U U P B A N D D
Z X R Q E H F C G A A H N C C
R X K N U B M B C T L L E S K H
N S Z R V E A Y R J O L L E P S
B U F Y W A B B Z O H N Y Y M T
V N L Z C R T I Y W Y G M F D A
```

Greta Garbo - Solution

```
T W O F A C E D W O M A N R D H
S H P J S M P L G Z Y Y S F A T
A Y U G A I A X D P E D Z H R X
S G S N K N I N X H I U X E V U
C H T Y I T N K S H J U Z G M T
A D K H B N X A C M L A D Q V M
R O J T E V O R C C A M I L L E
L O W N E K O T T H T N G E W H
E G H V Q D I G C S R E C U L M
T E O T L U Q S E H D I J S Z O
A L O I D T T U S J K D S L O G
N F W K P U Q R T R I A H T Z M
G U W I M N C M A T A H A R I X
E U H D O P M K T A A L E J W E
L Z V C Y G V K P Q U T K O J V
Q U E E N C H R I S T I N A K L
```

Holly Hunter - Solution

```
L T H E I N C R E D I B L E S N
S U M Y M X Y H A F C R A S H H
H L M S W I N G S H I F T B J E
T W B R O A D C A S T N E W S T
O J N Y G V Z P Z H G Y P V H
E A V M H T H E F I R M L V S E
M R M A T H I R T E E N B I L B
T A N I M A L B E H A V I O R I
H L Z P R T J M F I T L P S K G
E L I V I N G O U T L O U D U S
P Q U P A S Z H R U R Y W L I I
I I E N D O F T H E L I N E L C
A E C G W O M A N W A N T E D K
N M I S S F I R E C R A C K E R
O X S A V I N G A R I Z O N A T
X M F P J E J N V X R X T A F H
```

Hilary Swank - Solution

```
L J P S I L O V E Y O U J Y L Y
B U V Y F N D I F A Q T A A T F
I R S V S Y H K H F M Z Q S H R
R C B D I X K T F A L E P M E E
D R L R J R W R H E I H L U B E
S B Y T K D E K J W L I V I L D
O K O I H B C D C K J X S U A O
F N U Y N E W Q D V J J I W C M
A X R U S S H F T U Q N K N K W
M Z E W T D O O C Z S C I F D R
E Q N C H J O M M V O T K A A I
R J O W E V T N N E T U R T H T
I H T D C C S R T I S V H A L E
C E Y A O T P L V C A M S L I R
A G O M R R W F S G R C A E A S
A L U C E M P Z D Y N Y D N C S
```

Diane Lane - Solution

```
O U T H E G L A S S H O U S E H
J T N W F H A R D B A L L I E R
Q H C F H Y W Z D T F S B N I J
R E I R A V K Q L G Y F B S C U
H P D M S I R T N F N W D I N S
Q E A U E X T L H U Z W M D Z T
T R T S C M Z H G B C I A E X I
K F S T R Y L Z F C W L N O M C
G E E L E D E W Z U L D O U A E
Q C R O T O T T A Y L B F T D L
L T E V A G H Y K W H I S U B E
C S N E R S I F Q R O L T D S A
L T I D I K M Z N Q U L E H I G
M O T O A I G Z H Z I J E T A U
K R Y G T P O L J L F Z L L E
B M M S T H E O U T S I D E R S
```

Jessica Lange – Solution

```
R Y X E I W Y N U U Z U D M D F
Y L W C S C I B E E N F U C B B
C H A N O Z H L L U S T V B K V
O D B T M S U U D R O O M Z V V
U M W T I B M E D O O A B V K Q
S B L F I Y M S T X A B F X O J
I N G M F T L K H X V T R Q M H
N I E O H Y U Y E W E T S O P N
B K K V F C J S V K U S S S Y T
E M I G E O A Z O R O E Z N C O
T B S N U R T P W O C V H B G O
T E L W G B W V E N W N S Y L T
E B V E F K C A A F G Z P P Z S
V U Y K U A O R S F E X P F U I
J B S X I A F N F G O A Y A L E
F H R K S Y H D G O E Z R P I E
```

Gloria Swanson – Solution

```
W C I T X M W H A T A W I D O W
A S T A T I O N C O N T E N T S
G Q D C N O W R M K Y Q T H A
E U L P I E W N G I Y X V B E D
S E B T L X S G B L L B D I H G I
O U P M E Y N W L L K N N E R E
F V N H Y E F E T E P G D R E T
V I C S S J K M B R V U I D A H
I U O H E N D P L B X F S E T O
R I R P E T F N O E Q V C C M M
T D U E J W B I Z E R Z R I O P
U T U L Z T F L X S K Z E S M S
E Q P R A E L O V Q U J E I E O
Y S Z M W Y X Q J D R X T O N N
T H E T R E S P A S S E R N T K
N C D M A L E A N D F E M A L E
```

Lauren Bacall – Solution

```
X Q H G H E P R I P R V P N K J
S D L G N C E R P E I T Q O L P
S A G B W P U R B X D J G D V A
H Y E D R Z Y M B K Z P G G D S
O A Y A O P H E E U C P K X A T
C N H Z R G W T H E F A N C P A
K D N Q K B V S N L T K U T K R
T N L C O P C I R J Z J M M L F
R I F C T U N E L O H N Y N C O
E G E Q Z Q G Q Y L Y P G V S R
A H K R H R N R U D E Z T P U T
T T Q O O S E D I A M O N D S W
M B U F V S T Y V D T T U T B O
E R E T I Z M U L P R J H W F A
N H D M M A N D E R L A Y O A L
T C V I H T H E B I G S L E E P
```

Frances McDormand – Solution

```
B U R N A F T E R R E A D I N G
B N S A A Z H M Y W O E B B B M
B G S H I L Q T A O J I P E I H
X Z O E O S M M I D D C O I F Q
C J C J Q R I O D Y E U Q B S G
X K Q M C Z T N S N F L H T A H
E E V B U Q A C G T U Y I R F A
D F O G G L H I U A F I C N R I
Z R W U D Z Y V X T R A Q B E L
S R G A K Z E N D M S I M Z C C
W L M L A E O N F L U X Z O S A
H O T L Y V Y L Z R P G E O U E
N V K F A R G O P A P V D Z N S
H I S L E O F D O G S X P T S A
M R R P R O M I S E D L A N D R
W O N D E R B O Y S Z G T N H G
```

Norma Shearer – Solution

```
R M Z I D I O T S D E L I G H T
O A R J B B H G G E S C A P E S
M R O W S T D M R Y P S X N E V
E I T M E D H U J T C L P D L S
O E H Y Y W T E W J U P I F W B
A A E E L T E C W O P R D U K R
N N D W P U O R S O B D A T E A
D T I W T R W E E I L R V T S K
J O V K V H E Q M D M F A P E B
U I O Z L R E E G E A W M P H T
L N R S F Y D W T V E N O A U S
I E C A N E E I O U G L C Y N Q
E T E V H H W B L M I M M I Y Q
T T E T S S L B F C E I I H N V
I E U U K C M X G W N N I K R G
K T H E I R O W N D E S I R E G
```

Bette Midler – Solution

```
Y T H E G L O R I A S J C S W P
O M B I G B U S I N E S S O K A
R T H E R O S E F W V A H I B X
U I J M E L L A E W A S S B K A
T Z P Q N J J N U K X U O N R
H P Q C V P E R I A B N V O L N
L E Y I C L O V E N W G M D E A
E L A X S H X R L X G I M W D
S K R V T R F M D K N E O Z K R
S J I E K D W S U I Z W D S R H
P K H L B A E D N P E L G A T U
E T O H D H F W Q H L A I X O U
O W Q Q C U O A T L L W Q J C N
P J F A N R Y L J N N C T Y V H
L H E T D H O C U S P O C U S J
E B F O R T H E B O Y S K I M S
```

Mary Tyler Moore – Solution

```
X L I P S T I C K J U N G L E O
D P C H A N G E O F H A B I T R
H D H L Y K L F Y K I G U D S D
J U L W U Z B V U F E O E I W I
B K C E C R L L E Z H O C C Q N
H E J F B A D N L X U D R K M A
O Y I H N E H G U H U A A V E R
M S C H E A T S L S D S O A O Y
W T J Q K V J M K T B G H N L P
X O A J M A T E Q I T O R D Z E
X T L E M B E R F T L L H Y J O
E U V O Y W E P I W K D E K J P
A L X L X C N J O U J Q Q E G L
D S B I L L A B O R P A I N S E
C A S G X F Z T T H S O H Q A G
U Q H E A R T S O U N D S W O R
```

Halle Berry – Solution

```
U J T J S E C B P Q S R E X O D
V J C X D W S E Z P B R I F S I
Z S M A J A O J V K G E C A Z E
N Q X H T B R R B L H Q Y J Z A
C M G I J W T K D R Z L P J S N
Q B D N G J O K T F U O U K V O
B R O B O T S M A I I I O D W T
U A X Z H C C G A F D S S T I H
L F H M M L C O G N R E H E L E
W E Z P E F V T F V Y W D L R D
O D E X N D H X D Q S A Y B D A
R P I J L U V I G D N C X K J A Y
T D P I S B K K V U E F A X M Y
H Z M K Q C I A L H G E C C S R
I U S B M O N S T E R S B A L L
Y R P Z R A C E T H E S U N Z H
```

Sharon Stone - Solution

```
C O L D C R E E K M A N O R Y A
P B F D A G O P H Y M Y V Z J G
S T E L O V E I N V E G A S W L
L Q H A X B O R D E R R U N N B
I F W V U B O B B Y W S Q D D A
V E I D I T V Y G O C H I X S
E L N Q C O I V A L L X X T Y I
R R Y B N A C F C V O O V S C
W J D I T T B U U M B R A F I
G O S X U I L W E L S S D I B N
F A F B E Y P O A J Z K D A S
C L O D P E A S H M U O K V D T
U T O G J M E K Z F A T E Z H I
X L O V E L A C E M N N Y P M N
V A H T H E M U S E K N E D W C
F Q T H E L A U N D R O M A T T
```

Kim Basinger - Solution

```
L R O R V Z I N E F Q B K W Y L
A Q T H E I N F O R M E R S R A
Q Z G O B I F A J L Y J P A A C
D Q D C X N A T A E F Q E W S O
T Y Y L E M H R U E F W L Y G N
O U I F T L U H T Q O G C F R F
O L M R A Y D U Y R E H A U D D
Y Z S N D D Q D L M M M I X G E
Z J E U N P A T O A T M Z J E N
A H O I P E E N K A R S F P M T
T B L H R W G R B S I I N F A I
A B B A W U O U S V R H I L T A
X O X J J I O M K O Y J W W C L
T N A D I N E C K P N U L H H U
F A I W A Y N E S W O R L D C D
```

Donna Reed - Solution

```
D R H T D A B J M O S N T X Z A
S T H Z H Y V O Z Y M P Z T V F
X H A B E E S L Z I Q B U S Z H
M E N Z S N W Q W Q E G O C M Y
T B G T A C G H M V P E P E R U
L I M R H E A F O A H N R U H U
E G A Z O E K N G L D Q F M T G
J M N K T I Y A D L E N G D I Y
X O S N U B R R I A U T V O D Z
K M K Y G B A D O G L V R Y C Y
U E N D F P A C O D X S X U Q S
V N O G R Z R Y K I E D H P T L
G T T V T G P D I L D W M E A H
Z B N C W B E Y B S A Y E M E Q
B E Y O N D M O M B A S A S R T
O I J G J I S O K I L G H U T P
```

Demi Moore - Solution

```
I N D E C E N T P R O P O S A L
A L O V E S O N I A Y E A B M A
N V E R Y G O O D G I R L S L P
O E B D C L W V M A Z S P O L S
T H S I Z B U N R A K U K U C Q
H L X J X I N O W A N D T H E N
E R E Y C I R I U V D S G O L D
R S H D L D R W K N V B V L E P
H T O P F J F V I U Z P A N D B
A B H N E R W L S B T C A P E G
P H H E G Y B Q L E N J K T U O
P B W Q J B W B Y I I A S G X O
Y B W R L U I J G G K O S Q X G
D M H P N Y R R X H W G G X O
A V D X C C A O D G R I D B B B
Y B A N V M B H R A X G S G N E
```

Michelle Pfeiffer – Solution

```
Q Z L M O N E F I N E D A Y E W
D L W I D K N T C H H A J E O K
A I C M T R D D O L R O K S O W
N A M P F A M Q I Y O W N L S H
G O H W J G V T K E A R Y E D M
E S G E O Y K S C H U A Q S Q N
R X Y B R L I W Y T D O C B R R
O L L S K E F D E E U K Q Q Q D
U M U C R T A R N I P T E M O A
S I N E O L N I Q E B B A L V K
M P H G W A F H A I R S P R A Y
I W L J M E A B T P M E B N M D
N E I T N N A M B A O Z A D D U
D H A O R H N F I O F S O U R R
S B S T A R D U S T P E S N F Z
F P E O P L E L I K E U S G M E
```

Liza Minneli – Solution

```
I J S T E P P I N G O U T V O J
A F T F T L T H A T S L I F E A
M A R E N T A C O P O R V Y H C
A H E S Z A M R O M Z C D U O K
T W V M I E N L T U F A O I Q I
L U Y Z L B I N H L S H X S E
E C A B A R E T Q Y U O F D G S
R O C N V B X N K B N R D Q Y B
O K H H F S U C T I X O K W S A
F W U K K D U K H M F R W U Y C
T U Q C W L O O G J O B M U W K
I P C U A M E O P V X V M I L L
M X O F J H B J A M W W I A L F
E H D F T G T R E X C T A E N F
Y M R B R O A D W A Y Z J R H
C H A R L I E B U B B L E S D E
```

Geena Davis – Solution

```
D N R S P E E C H L E S S P G A
S T U A R T L I T T L E D E V T
G M R N V M B K L W E F J A G H
F A R P N A B Q N K F D O S T E
V R I N A W O R L D Q Z F V A L
H J B Z F Z Z C I O T Z V E N M
B O Z E L W P G I J H D F J G A
P R H T E R N M B U E P P I A
U I Y V T T C I I B F H J P E N
E E G V C O L B B T L K D G I D
F P W M H T Q E M W Y R B G X L
A R B O Y J R Y J L N W A Y Z O
S I D T T E U Z U U C H E R O U
A M P B P T C N S T I J G C W I
D E C B Y J J O Z D M C S D K S
F W Y M E H I M H E R M E B C E
```

Drew Barrymore – Solution

```
S S H R Y A A F Z C O N X B M Q
E Z Y C V L P P R M B E E N I W
C A T S L R J O Z K L V X S D
O H M F C W O Q B P B E B D S O
Z L A T U R J K U T E R S S Y N
Z E J R B I E D Y V W B V Q O N
Y I O B L L N A D B H E A R U I
N E W W Y I E K M Y M E S L A E
T V U T X O E N Y N L N A U L D
A E M P H G Y S D L B K V C R A
H R P U F Y B X A E N I K E R R
A A G Q W E W D C N D S A Y A K
H F W H I P I T H G S S Y D O
M T O Q M S L J X P R E X O Y Y
Q E G V Z U Q W D O D L U R D
D R Q Y G B G W I D S X E S B M
```

Winona Ryder – Solution

```
I S H I H Q L E A J R V E K X O
A T E U X O T X J U A L R S J U
S R E P F V M H S T Y E V G A Y
C A J L H M L E E T X I W Q I F
A N T L T E B O F L A X T G X Z
N G H I H I J L S R E R W F P N
N E E T E T J H A T O T T E L T
E R I T T H B M E C S N T R M O
R T N L E E D O S A K O T E E T
D H F E N D R N N P T S U J R K
A I O W T I L M N H M H W L I N
R N R O P L L M X G I H E A S V
K G M M A E K X R F X X M R N V
L S E E M M M C F B K T Z Q S N
Y N R N A M U V Y K B V D J R I
S X S B V A W C C W G G W H E G
```

Kathleen Turner – Solution

```
P T H E R E A L B L O N D E L U
C A F H J Q U K R X Q W B P B N
R J N C E R Z H E A K T A U E D
I Y X X E S B G U J R Q B F A E
M B O Q S R U T M A L V Y R U R
E O O O G K F O P Y Z D G C T C
S C G T W Y M A A Y B D E S I O
O W Z H C L D S B M O Z N B F V
F M P A E D A P W D X I E U E R
P V H I E N B M M O Y Z U H L R
A A R R E D M F Y D H S S I X B
S E B I A N G M O F E V E F V L
S A R B X Z W L X H A C S B O U
I F C T U G W L V N T Q P X G E
O V H O U S E O F C A R D S U S
N K J U L I A A N D J U L I A X
```

Uma Thurman – Solution

```
Z C H E L S E A W A L L S A U H
K K I L L B I L L V O L O N E P
T W M A P U L P F I C T I O N L
H K I L L B I L L V O L T W O A
E B A T M A N A N D R O B I N Y
C C G W Q A J P T Z A T B H I
O C T A R V Y P U A V N G U A N
N B E V T Q L Y P E Z C N V G
I S U R V T X Q D E Y S X J W F
S L D R E S A K B P I R F C T O
O J A H N M Q C Z V B C M V F R
N Y N Z S T O C A V X K D P U K
L D M E Z Z P N K B E L A M I E
D A T G I N C H Y A K B M Y Y E
F P R I M E B Z X E K C V J C P
O B E A U T I F U L G I R L S S
```

Rene Russo – Solution

```
U W F R A N K A N D C I N D Y D
A T L J T A N Q Q L J R G W D F
P H M V J J T C S Y P F A D H V
D E L J S V G N N P X S W T S R
V I Z I H M O M O Z T Y R E X
B N Z S K I O F U Z X T U L H F
I T O T P G N W U T R C W Y G N
G E L Q H P U B T O B A E M O I
T R B F O O T K H I R R O H C Z
R N B C N E R S Q C M S E E X
O P O H V W T T F N E F A O C
U O N L O E H H J A N B V L K Q
B Q E L G V G D R R D S U C O Q
L V G W Q I O B Z Y M H U D O R
E H P A N X E R I U A R T G D D
R A T W O F O R T H E M O N E Y
```

Annette Bening – Solution

```
R Z P G E O R G E T O W N S T I
U Y L N B E Y R R M X N K X E U
L T G N H C M E Z A Y R H V T A
E H D E G R S U P P A Q O F H M
S E R I H Q L A M P J L L A E E
D G Q Q T Q G C S I F E X T R R
O R I U X E Q Y B O S I S J E I
N I Z X P D B N E T B H T S P C
T F B O W U E C I U M E C Z O A
A T H R R M A E I D Q C T B R N
P E C Z O F F T Z Q X Z C L T B
P R T W E I J Z N W T C L P H E
L S E H L S M P T G P K W I C A
Y H T Y V N T J Y S A G N H H U
T H E S E A G U L L N A J M U T
W D A N N Y C O L L I N S A L Y
```

Sigourney Weaver – Solution

```
H T Q R I X K X F P H B A X F B
F F P A U C H A P P Y B B T Q M
G F P A P I U E X D U E D H J Y
V F G V U V A M G G C K U E V S
A I H A N R C V Q A F I C A M A
N B O T V F B W C K R N T S L L
T A S A K M N G X Y E D I S D I
A B T R A M P A R T D R O I N N
G Y B R F C K E S P L E N G U G
E M U Y F Y S E N F I W E N U E
P A S F R A L I E N G I F M T R
O M T S Q V S G J I H N T E X Y
I A E Y J P T B H P T D B N M E
N R U M F L G T O S N J T U A R
T Z S A O N L H H O L M H Z N R
R M V E G A L A X Y Q U E S T A
```

Barbra Streisand – Solution

```
U N T H E W A Y W E W E R E Y T
Z F A J F B X E E Y I I D V R H
E G U A L L N I G H T L O N G E
Q S N N F U N N Y L A D Y K A M
H O L A N F D L S T Q X G U U A
N E E D I Y T K T O A B H U W I
X I L X J N G C H I S X S X H N
W G R L E R W I O P T T A B A E
F J O Y O M J U R Z A K M A T V
U H G H M D N F U L R X W O S E
J V Y V Z C O U Q U I I R T U N
U E E M W Y I L T M S M Z F P T
H J B J D D T S L S B X T Q D R
D S V R A S Y W L Y O A T T O M
U T H E G U I L T T R I P R C M
B I V U P T H E S A N D B O X Q
```

Raquel Welch – Solution

```
C J S T O R T I L L A S O U P M
Y V B L U E B E A R D D B H W E
C Z B H F V K Q Q C T Q P Q W
R V D Z O W L P N O W U L G Q X
O F O R G E T A B O U T I T P I
S X D J B W A D R Y U Y A S X Y
S J A I I T F Q J E M C M U U W
E M D O J S A A B S U L P R R B
D Z O Q A Q R U T Z S P L P A Q
S R C Q C O N Z V H E O X Q U T
W W M F H U X L R V O M E G B X
O X A H K X Z K M X S M B Q C J
R Y V B E T H E B E L O V E D I
D K T H E W I L D P A R T Y N T
S H C C S E P C B A N I M A L
L E G A L L Y B L O N D E O U H
```

Joanne Woodward – Solution

```
K S P H I L A D E L P H I A E D
N Y S C P T E O V B K S I Y R F
B P F N R H M G I W U P R H A R
H A R R Y A N D S O N E S S C O
C V W X O Z B Q K B P S E R H M
X W L G O R Q C Z P E U Q H E T
W T H C F D D F I N L U E E L H
O H W A S M V R D B Q H A W R E
Q E L C B Z T A S G Q F G V A T
B E J M L S M I N I H I Z N C E
S N N E E R I T G K N C F H R
I D X H N A N W C C G N A B E R
B F T I P N G P V A K Q X A L A
R G F B I V Q T O E G D M R V C
K A E W T Z U L B H I Q P U K E
K L A N E W K I N D O F L O V E
```

Angelica Huston – Solution

```
A J S E R A P H I M F A L L S U
S K H M A T E R I A L G I R L S
W C M A R T I A N C H I L D Z O
E T H E G R I F T E R S S M Y S
P X T H E C L E A N S E L C O O
Q T Q I H Y T H E B I G Y E A R
H H Q I S T L F U T I K W T S B
C E G D R L L R J L A Y X P N L
H W T W H E N I N R O M E H O
O I P S U T U O L V N C J U O O
K T L F J I N W F S Y I J S G D
E C A I Q W Q G G D T J M V K W
X H G G B Z V A A X O D W P I O
X E A D L O O U Q Q S G I M M R
N S Z Z M M L C P N R N S F S K
L E N Z A B E V E R A F T E R F
```

Dianne Wiest – Solution

```
F Y O A Q N U L Q P K G D K Z I
Q S L P M P A S S E N G E R S C
Z S Q A G G T H E B X T O E A
C M Q D J Y L T G A T R Y O Q R
E U L O W L H A C N A X P U K E
T B F W O H R P O E X L N Y A
O F O X R H S I Y D J T S Z C L
G A J B L T T G K O B N O Y A O
N O H Q O A I E S I S T E R S T
J B J B C B L Z O K G F M X C P
B T O I E U D Z W K M B Q R Z T
K R D H M D A P H I Z Y N I W F
J E T E B X O H S N E W U O I D
D Q H H D J R A B B I T H O L E
T T X H E T H E H U M B L I N G
I J E L I F E I N P I E C E S L
```

Goldie Hawn – Solution

```
F L O V E R S A N D L I A R S D
T Z Z I W Q Q I O S X F J R I E
X J I C M R R M M N S O O L H A
Y V A Y R J K Y B A P V S O T T
M X A D T T X I K T W E F U H B
B P G Q T Q Z G D C C I R O S B
E D F S E V R K I H K L B S E E
S S H A M P O O Z E W D O W S C
T P R O T O C O L D W C A O I O
F I Z A G K H W I G N A R T M M
R D L X T W J F W X C T D M T E
I D V N M Q L C Z V U S T I E S
E U R M V A P W D L V E Y G R H
N L P S W I N G S H I F T J M E
D F O U L P L A Y X O J Y B R R
S C A C T U S F L O W E R G U R
```

Gwyneth Paltrow – Solution

```
O N F A W G G K Q T I H U S H S
S H A R D E I G H T N T C J L T
F R G O J O R C T Y F C O K D L
S H H F G M Z H H X A T Y W N E
L M A L I C E U T V M W G U C R
I Y X V L N A J W H O L J N X Z
D W W B L M C Q O E U O U T K I
I P Y E G I Q B L Y S O H P U D
N B D O M M S Y O F B S B F L V
G V D O K S Y N V V I P H Z N
D W E O Q X L D E D Y U U F I T
O L X E P X V D R G G Q W N P U
O F R X I L I U S I J Z N V E H
R W L N L U A E I R O N M A N L
S L X V A N I T D S E M M A R S
T H I D J Y J S Y H M Q I W D E
```

Julianne Moore – Solution

```
O S T I L L A L I C E D X C U E
T Z V Q E U T J I O N A L Y B J
H C W X A O U U T O C K N F W N
E I Y G S W D N C Q N C L Y O A
G L A X S E A I F N F I C S E L
L C B A F C B H Y R A B H R S A
O F P K L R H L S I E T M S B U
R A M E U O F M L B N E E Y B K
I R B B Y G D O K E C N H S Y U
A C U H N G N U V E D K B E M R
S S F I K G W E P N E N N N L A
B S E B A S S U I Q Z K E R G D
P B R M V J A L L Y H D E T Z T
O A F H P X B J L Y E P A M E R
B C A R R I E H N D C H L O E A
R F A R F R O M H E A V E N X K
```

Debra Winger – Solution

```
N V M Q O O Q L U V A R Y Q D B I
I E B S S N A O S S K S F I O Y
T U Y L T H X Q U J J W Y P Y E
A H C K A Z P O Z T E G M E C V
S J E O U C S R U S O D L U H E
A K S L X J K W Q L A Y O J O R
P R J J O Q V W U K V R L B I Y
O C A E H V S E I K V A E R B
U K Q C Y T E K F D F O V T Q O
R A D I O L Z R P I O A E R K D
V Q Q Q Z G F E S C Q W R A M Y
U R B A N C O W B O Y C S Y B W
Q W Y U M N C F V S D S U E C I N
G Y L E G A L E A G L E S D Q N
E L E A P O F F A I T H W S Z S
W K A J I L L I O N A I R E Y E
```

Juliette Binoche – Solution

```
E N D L E S S N I G H T T Q L M
P R D F D I J C C N S A O H A A
A L P W Z S F G S N F U X Q E S
R G O D Z I L L A B D I H G M S
A F S O C U U G D C Q M H B B L
D T S D Z X G T B H W A I N H A
I N V I S I O N T P R R H G M C
S O G M R I M U L A T T E S A K
E N F Q D B R G M G F Z V J E B
H F I M Y T O U S X B N Q G L A
I I R V E Z V A O F F N Z T N Y
G C E H X C I N F R A C T I O N
H T T D S C O S M O P O L I S U
W I N U R A N O P E N H E A R T
A O R E I R H I G H L I F E U I
Y N W I I N M O Q H S V C T N A
```

Daryl Hannah - Solution

```
S I C I L I A N V A M P I R E T
B C A U S Q E S J I V V X T W H
L T Z C X C D W G V R O C N O E
I K J W I N V D Y U C W I E Q H
N R B V V T H E P O E T V I C O
D G K C C O S M I C R A D I O T
R H U G O R E S N B X G N A H F
E O D X F A A X P L L I Q J O L
V O R U S I W K H L Q W J N T A
E G M J E K A P O T A J G L Q S
N D X C L L K S L Q H S C Q C H
G J M B E F E Q C H V I H S A E
E E M O L E N O A F R N R N K S
I A M M I C H A E L M U E Y Q B
T P I H M N S I L V E R C I T Y
L B C W A L L S T R E E T A Q T
```

Whoopi Goldberg - Solution

```
D M A D E A G O E S T O J A I L
F O R C O L O R E D G I R L S I
E I N Y Z Z I E W F H X L I J
U Q A O T O P F I V E H O D F J
S H O R B O D F O I I D E S M T
G I N I O S Z U S T G G I T H
Q V S O G P D O C R I T S X J E
Z T N T X O Y A S L C C C O M
Y Y W A E V G I S P L O C Z Y U
K R F D R P A P F D C U A U P
B M U H P K A P E C O I F G I P
U S Y G R X J C H R K O S S H E
D F C Y M C U R T E E L L H M T
N E M M O N K E Y B O N E F U S
X I B I G S T O N E G A P S W O
B L A C K D O G R E D D O G B G
```

Carol Burnett - Solution

```
G A E T R X K L G X O C P N P L
T U L E D N H X M K Y S K F W T
H E A L T H A O V A H X F P L Y
E W T Y T A I H S J G O I C X U
F L M T H O K D E T S N Y Z G Q
O C P Q H H G I J E A L U N G I
U U B E Z E N E S U J G I M I N
R W D U T N F I T P R D E K P G
S B S V A E O R G H D H Q Q D I
E S O R F N N T O E E Z E A B V
A W T Q T S G T W N J R R P Y W
S J S L Y T Y A I D T G N P B H
O P D U Q Z O Y E L T P Q O F J
N L I L A B N E R S L C A E W Y
S Q E O S G D C O U S I C G K W
A Q V C W Y P P O S D C E F E L
```

Jessica Tandy - Solution

```
Y S O K N Y Q D Z N Q F V J U T
V S U R P R I F O E U G E L H R
U S D N N M D O Z K P F O G I Y
U M X V C S C O C A S O I A Q R
N I T N R O V Y L D F N F N E U
Y D E Z C X W L N S E F X B K R
V C R O Q N I E Y H A V M V M O
P U E K O M I D T R M A I H G J
S I T G A R O F E S R F K B N L
T Q A C F B O B D E J T M P A M
W R G T O L M R V D R W B B A W
D R S N L E I E Y Z R X Q K A P
W E M I T B R W X G Z L N G M K
B G T P E O J L Z B U T L E Y R
D S E H F F H M D M B V O I M I
J S T L X T E M V Y W T K O Z C
```

Helen Hunt - Solution

```
E I T H E W A T E R D A N C E H
G Z X O T Z L E U Y M R R B E S
N K R N G I T N Y D G P M B V E
L I Y L I I Z T L T M Y T O E V
P S P Y J S X A W B W S W B R G
A S C Y S E C H O I N Y K R Y W
Y O A O L E F A L S S Q O D D D
I F S U T Y S N N C S T B A N
T D T J C O J S W D T Q E E Y M
F E A D U Q S I N Y U Q R H
O A W R Q C N Q J O K J C T M X
R T A Z E Y P R F D N V A S J K
W H Y N L F V K O T W S U R Q C
A A S G O O D A S I T G E T S K
R C N R E M A D A B O U T Y O U
D I A J A G O O D W O M A N M U
```

Patricia Arquette - Solution

```
S F H H N R Q U L G V O K G W T
W P U N M T H W K O C D L B M R
V E Z P N J F E R O T U I M X U
E R M E D I U M U D O I T G P E
L M C Y T M H R K B T N T T O R
E A T X I E O Y O Y H F L I T O
C N H B E K L Y R E E I E G I M
T E E T Z B E R L L R N N P A A
R N W J X X S V W O H I I T N
I T A V K Z A D V O T C U O C
C L N S G I C O V E O Y K E E E
S W N W A Z O W T R D U Y C S E
L F A K H S T I G M A T A J A
I Z B E Y C O G P S Z N D I T V
D R E O V I J A Y A N D I G C O
E J B O Y F V M O O S A A E J Q
```

Kate Hudson - Solution

```
A D R A I B B B N E X G V G M B H
Z W F L K L P M P Z E F A E H R
X O O Z J C A V P Y T D C X U I
N Y O E R P C Y J S A R I Z G C
O T L X C V F L I T O E Z R O O
D D S S L N I X U V W M J L S C
E F G R U L E O I U P A Y X S H
S W O V Z O B D M X L R L X I E
E O L M Y A E P U B T S I C P T
R J D V E H Y W S L H H F T N R
T C I K T V V U I X G A T C Y I
B K F P H Z Z X C E U L V S V V
L B R I D E W A R S Q L Y I G E
U R A I S I N G H E L E N Q R R
E R R O C K T H E K A S B A H D
Y A L M O S T F A M O U S Q P X
```

Catherine Zeta-Jones - Solution

```
B V L F X P Q P Z B W E J Z X V
R R M L C T G X W O W N K W D H
Z F O F E M Y I W L A T D Z A I
E T O C T U U T Q S V R C T X G
O H T A K R K D I P A A H H V H
C E H P I O A C Z A I P I E S F
A A T I M L Y A F Y Q E A E D D
N U E C J U A J G I J N G B E E
S N R O V E M F P E C T O O E L
T T M T V J W X E J S Q T U F I
W I I W K U R U L D U Y M N F T
E N N O Z I G F G T L A U D E Y
L G A K R C O B D W X T G R C S
V X L E T E T P A B R N N Y T V
E S P L I T T I N G H E I R S U
```

Cameron Diaz – Solution

```
L C T H E G R E E N H O R N E T
R T H E C O U N S E L O R H Q H
E D S A T L I J F U F A R E K E
Z L V U R K S E O P G E G C R S
T V G E X L F L Y K H P S Y K W
H S A X R N I M A C R E W E N E
E K Z N E Y S E A C O T X W S E
H A N N I E B E S H K S V S T T
O Q T Y F L T A S A Z E Z J E E
L Y H N J D L R D T N E R N B S
I S E U A Y E A I T G G Q S V T
D H B B H G B S I H C E M Y T T
A R O I N M F H K Z I W L D H
Y E X I S A P N L T Y U N Z S I
M K K X G Z U A D F L K A G G N
V E O A C I I E G P F D S F S G
```

Debbie Reynolds – Solution

```
O N E F O R T H E M O N E Y M S
C H A R L O T T E S W E B H Y
B U N D L E O F J O Y C T O P
E T H E M A T I N G G A M E W J
Z S M G H X F I D R W A W T S
L Q Z Y K S R V S F K D I H W O
M Q Y K S M Q O L T O W J E E Y
K R U L I P E P E Y X T R E G
U L V M Q P X V D R Q U E A T N
R A W D Y P D L A G O S D T I
U D Q L U B O M O D F X M R T
I E Y H M N Y S N V S E O A I D
Z W G D V R R A U F E G T C S M
K V I U A X N N F T W S H E B C
M T Y M U I R P E L K J E Y W J
N S I N G I N I N T H E R A I N
```

Rita Hayworth – Solution

```
P P A D H I D Z Z S I J Z W A J
T U A T P Q Y V S Q U Y H C M D
H H K I H A C C U Y D N R H O Q
E T O R D E L O S U N U L U X C
R H T M M T N J V K U S M M J I
O E H R I H O A O E U R L A N R
A S E C Q C B D K E R Q Y N R C
D H R C E K I S A E Y G N C E U
T A O A U L K D A N D Y I A W S
O D V B X C S J E L C Z W R Q W
S O E I J H F Z G B O E O G L O
A W R C Z M D R I H U M P O K R
L M D F O E A J L L L R E X O L
I I O F Z F N C D B C N E X B D
N G Y D L A P S A R O O B A A G
A A I E E N E M Z Z L E X M U V
```

Jean Harlow – Solution

```
L J T L B D M Y A D C P U X H I
Q T Q P W H R W I T L C O H S R
S Z R I M J N D O L I H S E F O
Z E E W X B T O L Y B I D L K N
X E D T V L Z E T P E N R L R M
C G D H E Z H R O X L A E S I A
O S U O S E Z B R E S C A F N
Z J S Z B B H U C P D E K N F
H U T M I Y P N L S L A L G R S
Q Y O L U D W F L U A S E E A
I B K O K T L Y Z D X S L F O
V D G Y P D U N M Y Y B S S F Z
W I Y H O L D Y O U R M A N
L R Q Z E F U S A R A T O G A L
P E R S O N A L P R O P E R T Y
J N T H R E E W I S E G I R L S
```

Meg Ryan – Solution

```
O K A T E A N D L E O P O L D C
I N T H E C U T T O F B J C N H
F R E S T O R A T I O N G I K B
A J T H E W O M E N N A D T M F
N Y H U R T G I U R C O I Y M C
A O H A E X M E W Z O O K
S U V A I E A H B T V W W F R Z
T V E Y N S F A Q C H J P A D J
E G L F G Y C H S P E X N K D
G Z F L G I A P T W D D G X X
I O J A R P R N B X P R K E B Y
A T W K T R U Q G W E W P L A N
K M G Q C K G B A U I T C S L L
G A I I G H M B Y A P G P F V M
F I H U R L Y B U R L Y P V N
R L P R O O F O F L I F E K W Q
```

Mae West – Solution

```
Z I I R F J X X H P I C T V N V
E Q M F V E W M D K V N S A I S
A G X I Q Z Z T Q Z W N K U G H
S O X K S I H W J O T F L D H E
T W D C T T S M T T H U O E T D
H E D J H Y E O H O U C N V A O
E S K M A I T R H F G I D I F N
H T L T G N L F E J Z I I L T E
E Y Q B I S E D G D A G K L E H
A O C O Y D E M S O Y K E E R I
T U G D B C H X A T D X A L N M
S N G Z A L D D T S A N N E I W
O G E O Z P G R G E T R N T G R
N M X P U W R R S U T D I H O N
U A I M N O A N G E L T E N T N
B N S K I Q O P S A I Z E X R G
```

Gillian Anderson – Solution

```
M T T H E M I G H T Y C E L T C
Z H C C Q S T B L A S T L O V E
T E A N R D I V Q P U G J K R B
S H C L P O E K J D N U P V I L
B O E L L V O V T I Y R H Z D E
T U F X O A Y K N I H R F B I A
Q S E Y F S B R E K V R V G H K
O E T J G I U O W D I H O X Z H
F O K Z Y T L R U D H O W Q A O
F F V H E X U E E T W O L U O U
R M O H W L T C S E E L U I R S
O I T D G V B O I S A V C S G E
T R L D V A G Q F O G E B E Z
S T L C L O N E Y W L F S P C
F H B O W O H I I X C D Y Y G
N N P H B D T C Q X Q G P K G Q
```

Emma Watson – Solution

```
L Z H J C T F U E Z X Q A O I
K B O P W O C G N U C E L Y H T
E Q G F P N V I A J O D I U B H
A L H N Y Y O Z M K L R T T A I S
P J I G I M Y T B Z O E T H L S
P Z R L Y T A S N G L E L I
B R O E Y M Z H S W I R E B E S
X Q H V U C K E S P A E W L T T
B V D G P T H C A Q U S O I S H
I Z F D L M K I D M P S M N H E
W D I J N Z T R O A B I E G O E
J D Y Z U S R C R X Y O N R E N
G O I J T B R L T R O N N I S D
P D E S P E R E A U X W O N S C
H A R R Y P O T T E R J A G D K
E O L Z K A I N Y K Y Q H F J Z
```

Ginger Rogers - Solution

```
O F D V M F J V X X P X A B Y X
P S P E O Y S X C X N H B L N T
L L R G N C D T B G Q G A A R E
K S I T K G R H A W X C C C O N
I H M E E G E Z U G X H H K X D
T A R E Y T A K K O E G E W I E
T L O N B R M Y P X U D L I E R
Y L S A U F B I Z F S T O D H C
F W E G S F O W M Y O C R O A O
O E P E I U A R C P O F M W R M
Y D A R N U T O S Y U U O A T R
L A T E E S B T J V K A T W P A
E N H B S M H P P X N W H A X D
J C W E S G C A N U J L E G H E
L E N L I K P C Y J O E R G U Q
N P I T U G B B P V J S R C J U
```

★ Join! ★

The Puzzle Favorites Club

Free Printable Puzzles

Coupons

Sneak Peeks

...and More!

Sign up now at...

www.PuzzleFavorites.com

Follow Us:

@puzzlefavorites

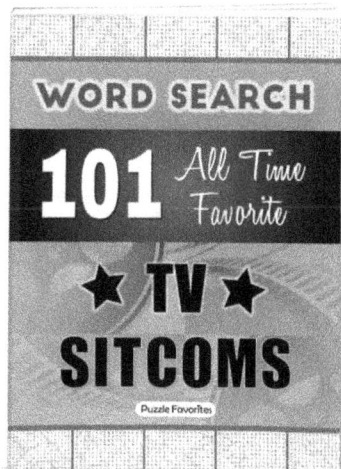

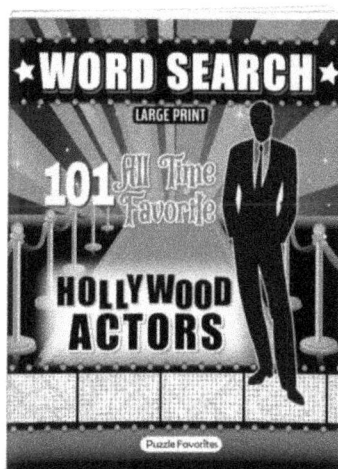

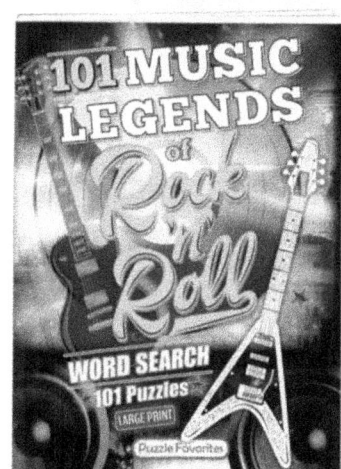

ABOUT

Michelle Brubaker is the author and creator of "101 All Time Favorite Hollywood Actresses."

As an avid puzzle fan, she also created an entire product line of activity books enjoyed by puzzle enthusiasts around the world.

Please take a quick moment to review this book on Amazon.com and show your support for independent publishers!

★★★★★

Learn How to Publish Your Own Puzzle and Activity Books!

Introducing…. Self-Publishing Courses by Michelle Brubaker the creator and founder of Puzzle Favorites.

➡ Learn more at: www.MichelleBrubaker.com/publishing-courses